草间弥生

无限的网

自传

無限の網

草間彌生自伝

[日] 草间弥生 著
毛丹青 译

中信出版集团 | 北京

「中国の方々に、私の心と人生の足跡を読んでいただけることをこの上なくうれしく思っています。私の自伝をお読みくださって、心よりありがとうございます。」

“这次能让中国的朋友们阅读我人生的心路历程，我无比高兴。衷心感谢大家阅读我的自传。”

——草间弥生，2020年9月

草间弥生

烂的身姿，面向
未来绽放出一朵
鲜红之花。

我仿若一只蝮蛇

为了寻找葬身之

地而飞进荒山野

YAYOI

USAMA

● **10岁的草间弥生** 怀抱她自己挑选的大丽花，1939年

● **无题** 草间弥生画于10岁左右，据说画上女子是她母亲。纸本铅笔，24.8厘米 × 22.5厘米，约1939年

● **《洋葱》** 纸本设色，35.9厘米 × 59 厘米，1948年

1948
YAYOI.KUSAMA

● **草间弥生与她的画作《无限的网》（*Infinity Nets*）** 摄于纽约曼哈顿，约1961年

● **草间弥生与她的作品《无限镜屋——阳具原野》** 草间弥生在纽约卡斯特拉内画廊举办个展，展出她首个无限镜屋作品，1965年

● **反战主题的偶发艺术《解剖爆炸》（*Anatomic Explosion*）** 在纽约布鲁克林大桥上表演，1968年

● **《南瓜》** 日本香川县直岛倍乐生博物馆收藏，1994年

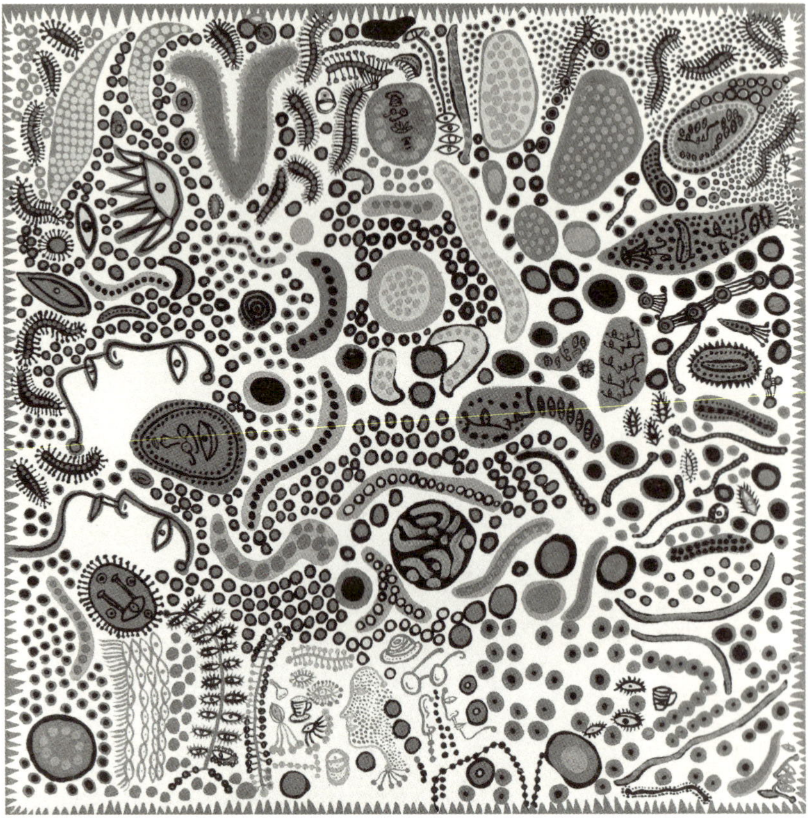

● **《永无止境的生命》（*Endless Life of People*）**《我永恒的灵魂》（*My Eternal Soul*）系列画作之一，192厘米 × 192 厘米，布面丙烯，2010年

● **《揽镜自照》**（*Narcissus Sea*） 2000个不锈钢球体漂浮于横滨的海上，展出于“横滨三年展2001”，2001年

目录

前言

在新世纪伊始的 2001 年，“横滨三年展 2001”从 9 月 2 日一直举办到 11 月 11 日，舞台是横滨的街道。

主会场是太平洋横滨展厅和红瓦一号仓库。横滨开港资料馆、横滨市开港纪念会馆、横滨港未来画廊、建城画廊等也参与其中，整个横滨市被打造成了一个巨大的艺术空间，从世界各地聚集了约 110 位艺术家，来自 38 个国家和地区。这是日本首次举办的大型国际当代艺术展。

“三年展”的原文“Triennale”是意大利语，意思是“三年一度的盛典”，这是第一次举办，很有纪念意义。

•

我从 20 世纪 60 年代开始，以美国为起点绕着地球转，参加过世界各地各种各样的艺术展，经常思考日本为什么如此落后。日本虽然有钱也有场地，但对当代艺术完全没有真正地理解。我刚从美国回来时，实际感受到日本已落后于国外 100 年。当时被吓得失魂落魄的心情，至今难忘。

后来，我经常出国，每次回来都发现日本正日新月异。不过至今为止，日本还是落后的。艺术界的运作模式、美术馆的体系以及其他所有的方面……总之，很多地方都需要改善。

例如：泡沫经济时期，日本有那么多的钱都被消费到了无聊至极的事情上，但如今，整个日本的美术馆全都资金短缺，坐困愁城。在美国的话，不管多么穷困，这样的事态都不会出现。无论是在美国，还是在欧洲，人们珍视艺术的观念是牢不可破的。

在日本，艺术最多只是一种消遣而已，或者被当作奢侈的东西，在此状态下，艺术无法往前发展。这种思想就是日本只能繁殖出肤浅艺术观的元凶。

然而，最值得高兴的是，国家终于支持举办大规模的国际当代艺术展了。这次展览的主题是“波澜万丈——面向新的融合”，绘画、雕塑、摄影、影像、装置等，几乎所有领域的当代艺术聚集一堂，融合成一股强劲的风潮，波澜万丈，梦想席卷整个世界。

•

我为这次深具纪念意义的第一届横滨三年展送展了两件作品，一件是室内的，一件是室外的。室内作品是《永无止境的自恋》(*Endless Narcissus Show*)，展陈于太平洋横滨展厅。我在展厅内用 10 块大镜子制作出一个由镜面组成的房间，把镜面不锈钢球体从天花板上吊下来，同时又在地面上铺满了球面反射镜。进到里面的人会与 1500 个球面反射镜里自己的身姿相遇，镜中的形象随着自己的动作而发生无止境的变化。这是一种重复的视觉体验。

室外的作品是《揽镜自照》(*Narcissus Sea*)，会场是从樱木町站前到新港地区的车道以及车道旁的海边。我让直径 30 厘米的 2000 个镜面不锈钢球体漂浮在一角的海面上。当我获得灵感布置这件作品时，投入海里的不锈钢球发出了“扑通”“扑通”的响声，我很受感动。

无数镜面不锈钢球在波浪中漂动，奇光异彩，球面上映射出天空与云朵，还有周围的光景。在观赏者眼前，银色的大海绵延不绝。

水流一刻也不会停息，发出“汩汩”和“潺潺”的声音，悦耳动听。无数的镜面不锈钢球聚散浮生，变幻莫测，犹如水底无限繁殖的不明生物。这种景象震撼人心，给观赏者以鲜明而强烈的印象。

•

对于日本人来说，当代艺术遥不可及。的确，日本的艺术领域并没有那么开放。

横滨在日本历史上是最早对外开放的地方，至今也是对外最开放的区域，在这样的横滨举办空前的当代艺术展是有很大意义的。

别说每三年举办一次，我甚至希望每年都能举办。

镜面不锈钢球光怪陆离，我以此形式，为当代艺术展的开幕送上祝福，同时也祝福 21 世纪的开幕。

回想起来，我走到今天也是经过了一条长长的路。我与当代艺术的缠斗从久远的幼儿时期就已经开始了，不过真正决定我命运的，是我决心远离日本奔赴美国的时候。从那时起——

东渡纽约——
作为前卫艺术家的亮相

第一章

1957—1966

草率的启程

前往美国的那一天是 1957 年 11 月 18 日。

虽然因为受“二战”的影响，我们这一代人没在学校学过英语，但我对出国一事一点儿都不担心。我只期望挣脱陈旧的束缚，一心一意地想离开日本。

在当时，携带外汇出国是受限制的，因此我带了 60 件和服与常年积累下来的自己画的 2000 多幅画，为的是能靠卖画讨个生活费。

在飞往美国的飞机上，除了我之外，只有两名美国大兵和一位战争新娘，整个机舱空空荡荡，给我留下了很深的印象。

当时和现在不一样，出国没有那么简单，我不知道遭遇了多少磨难，经历了多少挣扎，而家人的反对就是难关之一。为了说服母亲，我花了整整 8 年的时光。

我的故乡在长野县松本市，两侧被高耸入云的阿尔卑斯山[1]环抱，太阳总是很早就躲入山后——那里是悬崖绝壁，空空如也呢，还是有什么连我都不知道的东西呢？如果真有的话，会是什么？

我对未知之地的好奇心与日俱增，爱好寻踪觅迹，乃至演变成了想要看看黑洞洞的山后到底会有什么样的国家。于是有一天，我给法国总统寄出了一封信，上面是这样写的："阁下，我想看看贵国法兰西是什么样子？恳请您多多关照。"信的内容就是如此可爱。没想到的是，我竟然接到了一封亲切的回信。回信只有短短的几行字："谢谢你对我的国家感兴趣。日本和法国有很多文化交流的机构，我已经转告他们。请你先学好法语，参加考试。祝你成功！"

后来，法国大使馆给了我很多建议，非常细心。可是……可是，法语太叫人头痛了！

其实当时的我也特别想去美国。以前我看过一个绘本，上面画的是扎着短辫子的黑人女孩，女孩容颜如花，充满异国风情。就是这种感觉！在一群光着脚丫的孩子居住的地方，也许会有人迹罕至的原始森林。

碧空如洗，放眼望去是一望无际的玉米田，阳光普照草原，沃野千里。啊！我想亲眼看见这样的景象，我想在那里生活！如果生活不下去的话，我可以一边种田，一边继续画画。我不顾一切，就是要去美国。

究竟怎么才能去呢？到底有什么办法才能让我去一个没有任何人脉的国家？日本政府为了限制美元外流，要求去美国的日本人必须持有保证人的推荐信。我因此想了很多办法。

战败后不久，我在松本一家旧书店看到一本画册，里面收藏了乔治娅·奥·吉弗（Georgia O'Keeffe）的画。尽管我不知道为什么像松本这样的穷乡僻壤会有这本画册，但与其相遇变成了我与美国联结的契机。

翻开画册看的时候，我心想自己假如去了美国，这个人也许会帮助我。我当时所知道的美国画家只有吉弗一个人，而且还是从别人那里道听途说的。总之，我要先给她写封信。对！写信给她。

我花了六个小时到了东京新宿，然后直接去了美国大使馆。翻阅《名人录》的时候，我两手发抖，结果竟然真的从中找到了吉弗的地址，这让我喜出望外。当时的我连做梦也没想到，在10年之后，自己也被收录进了《名人录》。

我把吉弗的地址抄了下来，回到松本后就把信寄出了。寄给与我素不相识的吉弗本人。

乔治娅·奥·吉弗是美国画坛的顶级人物，同时也是全世界排名前三的女性艺术家。另外，她也是美国摄影艺术的鼻祖阿尔弗雷德·斯蒂格里茨（Alfred Stieglitz）[2]的妻子。她远离都市的喧嚣，住在新墨西哥州的山庄里，被神秘的岩石群山团团包围，过着隐居的生活，并坚持画牛骨散置的静物画。

我写信跟她说我无论如何也想去美国，信里还附上了好几幅自己画的水彩画。原本以为她绝对不会回信。

然而令我大吃一惊的是，吉弗居然给我回信了。我太幸运了，这简直难以置信。后来她又给我写过几封信，一直亲切地鼓励我，而我只是一个鲁莽而不知好歹的日本姑娘。

就这样，我去美国的想法越来越明确，逐渐到了不可动摇的地步。为此，我还必须要找到一位身在美国的保证人，这可不是一件容易的事情。我冥思苦想，想出了一个方法。我家与前国务大臣兼内务大臣植原悦二郎是亲戚，他为我介绍了一位与他交情不错的女性。这位女性是在西雅图创办银行、管理酒店，开展多种经营的故人太田先生的夫人，是美国的第一代日本移民。她成了我在美国的保证人。后来，在内村裕之博士、西丸四方博士等多人的帮助下，我的签证终于批下来了。申请资料上赴美的目的写的是为了在西雅图举办个展。

东京有一家名叫“大陆兄弟”（Continental Brothers）的美国公司，我请这家公司帮我把 100 万日元兑换成了美元。当然，这么做是违法的，更何况那时候的 100 万日元够盖好几栋房子的了。我不仅把这些钱缝到了洋装里，还塞进了鞋尖，伪装得从外面看不出来。就这样，我去了美国。

西雅图是我抵达美国的第一座都市。在《名人录》上的画家们的鼎力协助下，开办画廊的女艺术经纪人佐伊·杜珊娜（Zoë Dusanne）替我发表作品。她慧眼识珠，曾经先后把马克·托比（Mark Tobey）[3] 和肯尼斯·卡拉汉（Kenneth Callahan）[4] 送进了美国画坛。

在西雅图，除了在东京见过我的太田夫人和华盛顿大学的乔治·茑川讲师之外，我谁都不认识。我走上了一条不归路，千难万险自不在话下，我的命运已脱离正常轨道，面对未来的困难无处逃避。不过，想到自己竟然能够抵达举目无亲的美国，发自内心的喜悦超越了所有的痛苦。

1957 年 12 月，我的个展在佐伊·杜珊娜画廊开幕了。展品包括《岩石精灵》《古代的仪式》《古代的舞衣》《地底燃烧的火焰》《骨之遁逃》《中国的小岩石》等，总共 26 幅水彩画和粉彩画。另外，我还上了《美国之音》的广播节目，谈了自己对美国的感想。

我在美国的第一次个展在西雅图圆满落幕，但对我来说，从一开始我的梦想之地就是纽约，一心想往顶峰攀爬。抛下这些挽留我的西雅图人吧，我必须开启新的冒险历程。

1. 阿尔卑斯山：指日本的阿尔卑斯山，是位于日本本州岛的山脉。一位英国传教士于19世纪末攀登此山，将其比作欧洲的阿尔卑斯山，由此得名。——编者注（书中注释皆为编者注）
2. 阿尔弗雷德·斯蒂格里茨（1864—1946）：被誉为“美国现代摄影之父”，创办了摄影分离派，并开办画廊，向美国积极推介马蒂斯、毕加索、塞尚、罗丹等当时的欧洲前卫艺术家。
3. 马克·托比（1890—1976）：美国抽象表现主义画家，“西北画派”创始人之一。他从中国书法、东方宗教中汲取灵感，创造了“白色书写”绘画技巧，即在画面上覆盖一层白色或浅色的错杂交织的笔触。
4. 肯尼斯·卡拉汉（1905—1981）：美国抽象表现主义画家，“西北画派”代表人物之一。

纽约活地狱

当时我搭乘的飞机在雷雨交加之中颠来簸去，经过落基山脉的上空，飞越吉弗后来盛情邀请我去的新墨西哥州时，我觉得自己快要完蛋了。飞机降落到纽约机场时，我有种捡回一条命的心情。这让我想起了西雅图人在喝咖啡或者用餐前必定会祈祷，虽然他们不是因为要坐飞机。“主啊！眷爱我们的天父啊。今天承蒙您的恩泽，我们得以在此与弟兄们共进温暖的一餐，平安无事，真心感谢您深厚的慈爱与引导，请继续守护我们的幸福。”

在纽约，我最先住在一处叫作“佛学院”的禅僧宿舍。住了 3 个月之后，我单独租了一间，同时还租下了阁楼。

起先房租很便宜，正好赶上美国经济开始凋敝的时候，尽管肯尼迪总统提出了“新边疆”之类的口号，但越战的开销实在太大了，美国开始走下坡路。和“二战”后的松本完全不同，这里伙食费涨价涨得很厉害，各方面都发生剧变，这让我束手无策，乃至精神上出了问题。

与起先的西雅图相比，活地狱一般的纽约简直太恐怖了。我每天都坚持学习，美元一点点用完，行囊逐渐空瘪。最终，我跌入了贫困的谷底。

每天要找饭吃、想方设法地支付画布与画具的费用，要解决移民局的护照问题，疾病陡然袭身……各种困难一拥而上。

工作室的玻璃碎了，我不管它。从马路边捡回一块门板当床睡，毯子也只有一条。另外，工作室是在商业区的一幢写字楼里，傍晚一到 6 点，暖气就停了。纽约与库页岛处于差不多的纬度，晚上寒气刺骨，冷得我肚子剧痛，整夜睡不着觉。无奈，我只好爬起来继续画画，因为除了画画之外，我没有任何办法与饥饿、寒冷抗争，只能逼自己画画，逼自己创作。

有一天，好像有人敲我的门。开门一看，原来是住在隔壁楼里的山姆 · 弗朗西斯（Sam Francis）[1]，当时他还没出名。我给他泡了一杯咖啡，他问我有没有牛奶，我满脸通红，不知所措。别说咖啡加牛奶了，我连吃的都没有，从早上起什么也没吃，饥肠辘镳。家里能找出咖啡，这点就已经让我觉得不可思议了。

我每天晚饭吃的是朋友送给我的干瘪的栗子，日子就是这么过的。有时还会拎起一个袋子到鱼店门外的垃圾箱中去捡鱼头，倒进从旧货店用10美分买回来的锅，再加上菜店扔掉的圆白菜一起炖，以此充饥。

心情不好的时候，我会爬上帝国大厦。纽约是资本主义的大本营，一直保留着越战以前的美好，犹如光彩夺目的宝石一样。这里永远上演着毁誉参半的人间大戏。

从世界最高的摩天大楼顶上俯视下方，我心知这里充满了所有的可能性，全世界的野心人士在这里渴望鱼跃龙门。我期望自己有一天能在纽约随心所欲，把所有向往的东西都塞进空空如也的手中。这是我强烈的愿望。我下定决心要革新艺术，身体内的热血在沸腾，乃至忘掉了饥饿。

有一天，一位高龄女士突然到访我的工作室。原来是乔治娅·奥·吉弗，是因为担心我的生活而特意来访的，她曾经邀请我去她的庄园。我想起记忆中那一幅画了牛骨的画、刊载于日本乡下旧书店的画册上的著名画家，十分魔幻。亲眼看着她，真像做梦一样。

吉弗援助我的生活，同时还把她唯一的艺术经纪人伊迪丝·哈尔珀特（Edith Halpert）介绍给了我。这位当地画廊的老板曾经推出过赫赫有名的国吉康雄、约翰·马林（John Marin）、斯图尔特·戴维斯（Stuart Davis），当然还有吉弗，没想到她竟然购买了我的画。

我把挣到的钱几乎全都用到购置画具与画布上了，不停地画。我在工作室内竖起了一块巨大无比的黑色画布，大到不用梯子都够不到边儿的地步。我在上面用纤细的笔触画上了数万个犹如微粒子般的白点，不留任何空隙地编织着这张白色的网。

每天，天还没亮我就开始画，一直画到深夜。除了中途吃饭和上卫生间之外，其他时间一刻也不停，结果弄得整个工作室的所有画都已经变成了网。朋友们开始为我担心了，大家用蓝眼睛偷看我，目露惊恐，跟我说："你怎么每天都画这个呀？你没事儿吧？"

实际情况是，我经常被自己的精神状态所困扰。只要一开始在画布上画上网点，就会从桌子上画到地板上，最终还会画到自己的身体上，如此循环往复。一张网开始了无限的扩张。不知不觉间，从手到脚，到穿在身上的衣服，包括房间里的一切，都被一张网给覆盖了。

早起，我发现昨天画的画全都被贴到了窗户上，心里觉得奇怪。走上前一碰，所有的画就像闯入了我的心脏一样，让我心跳加速。我觉得自己快要崩溃了，急忙叫了救护车去贝尔维尤医院。医生说："你的病不应该来这里治，而是应该去看精神科医生。不住院不行。"那个时期，我隔三岔五地叫救护车，结果到了医院，对方总是惊诧地质问我："怎么又是你啊？"

我坚持画画，废寝忘食。纽约是全世界物价最高的地方，过日子犹如吃黄金一样，除了花 15 美分坐公交车，有时我宁愿两天忍着不吃饭也要画画，已经到了走火入魔的地步。

我越来越感到焦躁，就像骨髓被燃烧起来一样。我是一个端坐在美利坚主义大本营——名曰"纽约"的这块岩石上的女达摩。这时如果我有一辆红色跑车的话，真想在碧空如洗的天气里飞速开上高速公路，哪怕撞到大树也没关系。我幻想着掏出美元热钞，一举买下得克萨斯州空旷的原野，连眼都不眨！

还有，我也想和我的女友们一样，每天晚上和黑、白、黄、褐不同肤色的男孩子出去玩乐。我就是如此想象着放纵不羁的日子，但同时也喃喃自语：我要发财，但名声不要搞坏。在这一点上，但凡是聚集在纽约尚未崭露头角的年轻人都一样，但我是绝对不会输给他人的。

然而现实是，在我的房间里，只有一个破烂的小狗布娃娃和硬邦邦的面包片。此外，还有那幅害得我非去精神病院不可的《白色的网》。这幅破画究竟是什么破玩意儿？我有好几回都想一脚把它踢开。

惠特尼美术馆举办作品选拔的那一天，我背了一件比我自己还要高的画，沿着纽约市中心的大马路走过了 40 个街区。惠特尼美术馆眼下虽然很前卫，但那个时候却是个死顽固，非常保守。我觉得像美术馆馆长这类没用的人怎么会理解我的作品呢？结果不出所料，我落选了。我又不得不背上这幅和一张榻榻米一样大的画穿过 40 个街区走回去。当天的风很大，我的身体因为这幅画马上就要被大风刮跑了。回家后，我已筋疲力尽，像个死人一样整整昏睡了两天。

当时，艺术界掀起了一股行动绘画（Acting Painting）[2] 的热潮，随便在路上抓一个人都在画画。这种风格不仅吸引了一批艺术家，画作还在市场上以不菲的价格被抢购一空。不过，对于要把终生都倾注于创作的我来说，发自内心的艺术创作才是最重要的。因此，我创作了一批与他们截然相反的作品。

1. 山姆·弗朗西斯（1923—1994）：美国画家、版画家。早期绘画受抽象表现主义的影响，后来在日本受到禅宗启发，在绘画中使用留白和渲染等技巧。
2. 行动绘画：与抽象表现主义、纽约画派相关（有评论家将三者等同），是20世纪40—60年代流行于纽约的一个绘画流派。这种绘画以画布铺地，将颜料泼洒或滴落在画布上，从而将作者的思想、感情、欲望、潜意识等自发地表现出来。画布是一个活动的舞台，绘画的行动比结果更重要。代表人物有杰克逊·波洛克、威廉·德·库宁等。

波点迎战，决胜千里

1959 年 10 月，我期待已久的第一个个展“纯色执念”（Obsessional Monochrome）终于在布拉塔画廊揭幕了。这家画廊位于第十街区画廊群的中心地段，这里曾经是抽象表现主义画家威廉·德·库宁和弗朗兹·克莱恩活跃过的地方，他们都是纽约画派的领军人物，而我就在这条街的中央展出了黑底白面的《无限的网》。

这幅画完全无视整体的构图，没有中心，一味表达恒常的动作，无比单调，千篇一律。这让观看的人感到困惑，进而逐渐被一种暗示与静谧所吸引，把精神诱拐到“无”的眩晕之中。这件作品预言了将在欧洲启动的“零群”[1] 以及即将从纽约诞生的艺术新势力“波普艺术”[2]。

一个一个的波点是聚集成一张网的量子，我的愿望是掌控这些波点，从自己的位置上预言无限的宇宙。宇宙有多神秘？其奥秘又有多深？无限一直到宇宙的尽头是否还是无限？我想通过感知这一切，进而观察作为一个波点的我的生命。波点，即亿万粒子中的一点，而我的生命也是一个点。我要用如天文数字般的波点，编织出一张苍白的虚无的网，并在此公布我的纲领：消融自我以及他者和宇宙的一切。一张苍白的网收容了无声死亡的黑色斑点，当它延伸到 33 英尺（约 10 米）长时，画布超越了作为画布的界限，溢满了整个屋子，变成了掌控我个人所有的一切的“行”。斑点与网眼有一股肉眼看不见的神秘力量，把我包围起来，并紧紧关闭魔法之幕。

有一天，有一位发迹于巴黎、扬名世界的画家来到了我的画室。这位法国人对世俗的成功很敏感，和艺术商人一样善于跟风，紧咬住潮流不放，简直就像立志要在此生拿下所有艺术奖项。他冲我大声喊：“弥生，你看看外面的世界，你不想听贝多芬和莫扎特吗？读一读康德和黑格尔吧。伟大的东西太多了。你一年到头从早到晚都干这些无意义的事，完全是浪费时间！”

然而，波点之网的诅咒已经把我变成了阶下囚。管你是什么毕加索，还是马蒂斯，有本事的都来吧，我以波点迎战！我意志坚定，听不进周围人的话，把一切都赌在了波点上，高举旗帜与历史背道而驰。

在纽约的首次个展很成功，反响远远超乎我的想象，著名的艺术评论家们纷纷夸奖，好评如潮。

多尔·阿什顿（Dore Ashton）在《纽约时报》上写道："正在布拉塔画廊举办个展的草间弥生是一位最近在纽约工作的日本青年画家，她的画抹杀了个人情感，其偏执的反复叫人困惑。在巨大的白色画布上，她轻轻地点染底色，有时还打上一层薄薄的白膜，让这幅画呈现一种无限延伸的构图。色调变化有微妙的推移，需要观察者具备忍耐力，同时还刺激观众的好奇心。她的作品表达了一种惊人的力量，对此我毫无疑问，但由这幅画所把控的缜密而尖刻的质感也让人深感不安。"

西德尼·蒂利姆（Sidney Tillim）在《艺术》杂志上是这样评价的："这个以屏声静气之力令人折服的作品展刚刚开始一个月，就已经被认定为本季的热门，这样的评论一直到展期结束也不会发生变化……看展的人会在展厅里面对一张白色的网，这张网非常宽阔，几乎要把黑色的背景全部遮掩起来。观众从黑与白的对比之中一定会有所感受，但这些实际上都是由涂抹在画上的白色所营造出来的。画家用纤细、近乎矩形的笔触填满了整个画布，形成一张网，网眼与底色此起彼伏，微妙的动态与形态营造出了一个尽收眼底的视觉波纹。作品具有很高的格调，优雅的光线浸染整幅画面……草间花费了 10 年的心血，尝试了各式各样的创作，一路孤行至今，她不仅保持了坚强的毅力，还兼备柔软的韧性，是近些年最值得期待的新星之一。如果她能充分发挥自己的才能，在几年之内就可能闪耀于纽约正式的舞台上。”

极简主义艺术家唐纳德·贾德（Donald Judd）是我在纽约艺术界结交的第一位好友，也是在这次的个展上第一个购买我作品的人。他在《艺术新闻》上写道：“草间弥生是一位有着超强独创性的画家，她的作品展上的五幅雪白的巨幅绘画是她的心血之作，非常前卫。画上所呈现出来的空间虽然浅显，浅得和画的表面差不多，但那些无数雪白的细小弧线却被布置在黑色的背景上。这种技法创造出繁复的效果，同时又很单纯……整体风格很大气，与铜版画上细腻的图案酷似，或者与蓬蓬松松、毫无瑕疵的蕾丝如出一辙。这种表达方式已经超越了究竟属于东方，还是属于美国的质疑，而是将东西方合二为一。尽管其中有些马克·罗斯科（Mark Rothko），或者是克里福特·斯蒂尔（Clyfford Still）和巴尼特·纽曼（Barnett Newman）等美国抽象表现主义画家的特征，但绝不是风格的拼凑，而完全是草间独创的。”

在此，我想用自己的语言重新阐释一下当时发表的作品：这批画让一个不可分割的静态空间固定在了画布上，我将微观视野下的波点一个个衔接起来，在表面上尽可能打造出混凝土的质感，乃至膨胀为一个巨大的整体。因为一笔一笔反反复复地画需要花很长时间，白色颜料会变干，形成很多层次，在现实的可视状态下，这样做就为空间增添了无限的具体性。我想采取循环无端的韵律以及黑白的色调，展示出一道异样的“光”，摸索新的画法。这个方法不能用传统的画法以及相关的方法论予以解读。这批画把固定的焦点以及中心全都放弃了，这是我的原创，这一想法可以追溯到10年前，在我当时的创作中随处可见。

我的画法是在信州[3]的深山里一个人想出来的，先在四开的白纸上用墨汁描画琐细的波点，再用钢笔画细胞般的序列，类似植物茎秆内部的放大图一样，最终画出艰深晦涩的无数连锁，而这些又是不可分割的。在暗无天日的战争期间，那段无助的少女时代，我经常在家后面的河岸上眺望某一个景象，任凭时光流逝。亿万个颗粒分明的白色小石头吸满了盛夏的阳光，得以真实地“存在”，这是我之所以这么画的根源。

我虽然没有从自然界直接受过什么启发，但在我的精神内部，可以通过意外的动机以及毫无意义的偶发事态，被一个奇妙的世界所吸引。我要解放自己身体内的这种“不明所以”的力量。与其把情感镇压于恶魔降临的湖底，还不如把精神放逐到永恒的彼岸。于是，我现在把自己体内的力量释放到混沌之中。

以前我有好几千幅的作品都可以归类于此，随着年岁的增长，这类作品变得越来越多。有时，我会用黑白反转的方法表达。这种画法作为绘画上的一个方程式逐渐趋向成熟，现在终于可以对外公开发表了。

1. 零群：主张一切从零开始，放弃政治性的理念，追求一种审美、道德和科技融合的新世界。运用动态的光线与动力装置创造出介于平面和雕塑之间的作品，创作者强化视觉和光线的感受过程，利用严谨多变的几何结构让观众体验沉静当中蕴藏的爆发力。
2. 波普艺术：一种源于商业美术形式的艺术风格，将大量生产的流行视觉商品运用到艺术创作中，如连环画、快餐及印有商标的包装。波普艺术于20世纪50年代萌发于英国，后来在纽约发展起来，与当时主导艺坛的抽象表现主义对抗。20世纪60年代中期，波普艺术取代了抽象表现主义而成为主流的前卫艺术。代表人物有安迪·沃霍尔等。
3. 信州：日本古代信浓国的俗称，即现在的长野县。

纽约初次亮相，大获成功

黑白色很简洁，犹如积聚于潜意识之中的光点，展示出的是一个大宇宙的空间。画是最大的 14 英尺（约 4.27 米）长那种，能够充满人的视界。乍一看，这五幅画纯白一片，什么也没有，给人一种无聊至极之感。就这样，我在纽约亮相了。

办展的布拉塔画廊看上去挺穷酸的，连天花板都往下倾斜，看起来跟地下室差不多。走出大门一到街上，就会遇见怀抱酒瓶的流浪汉，他们随地就寝，横七竖八的样子不堪入目，并且臭气熏天。这就是赫赫有名的第十街区，与富人区相比，简直是贫民窟。美国许多著名画家的工作室都汇聚在此，集结出一股反抗力量。

我当时因为移民局发的签证到期了，所以状态很不好，处于去留两难的境地。状况演变成这样，对于一个外来者而言无疑是一种讽刺。来美国多不容易啊，我祈祷个展能顺利成功，这会直接影响到我是否还能在美国坚持下去。自从出生以来，为如此俗不可耐的事情祈祷，我还是头一回。

个展开幕后正如我的预期，整个画廊爆满。开幕当天的夜晚，纽约第一线的艺术家们纷至沓来，小画廊变得拥挤不堪。这是在最坏的条件下创造出的最优秀的个展，我的好友们都非常兴奋，在那些流浪汉熟睡的街上高喊："弥生，干得大气！干得漂亮！"大家把我举了起来，抛向空中。在我陷于各种困境的时候，这些美国朋友曾经帮助过我，大家性格直率，情深义厚，是我在美国最宝贵的收获。我先后收到了当时的联邦德国、法国，还有美国各地寄来的信函，就这样，我一下子抓住了在社会上施展拳脚、获得理解的机会。

纽约个展结束后的第二个月，我辗转到波士顿新星画廊（Nova Gallery）继续举办个展。这家画廊高 75 英尺（约 22.86 米），拥有新英格兰地区最大的展示空间，我在这里主要展出了 10 幅 10 英尺（约 3.05 米）长的作品，另外还有几十幅水彩画和油画。

当时，美术评论家罗伯特·泰勒（Robert Taylor）在《周日先驱报》（*Sunday Herald*）上写下了这篇文章："新星画廊正在展出一位年轻日本画家草间弥生的绘画，这是她第一次在波士顿亮相，她的作品令我神往。草间的绘画风格简而言之，就是使用黑白双色，这一特征绝对日式。她用抽象表现主义的技巧说出了自己想说的话。”

四个月之后，我在华盛顿最著名的国际画廊格雷斯画廊（Gres Gallery）展出了以红白双色的波点为主的作品，几十幅绘画占据了整个场馆。在这个名为“无限的网”的个展上，我见到了市美术馆的馆长和艺术评论家以及很多其他美术相关人士、著名政治家和各国大使。大家都说深受感动，并希望和我握手。

艺术评论家雷斯利·阿兰德（Leslie Arlanda）在《华盛顿邮报》上是这样写的：“草间的每个作品与各种传统的表达方式相去甚远，这位自学成才的画家完成了一条独自发展的道路。她过去用粉彩画描绘自然，做出细腻的表达，然后才转移到了现在这种以简单的圆形笔触为主的抽象画。除了她细致入微的讲究以及熟练的技巧之外，古老的日本手法几乎荡然无存。她每一道精心配置的笔触都构筑成整体画面的技巧，在美国也只有杰克逊·波洛克[1]这样的画家在使用。”

这期间，我在纽约、波士顿和华盛顿也参加了不少联展。在国际展方面，我参加了1959年纽约布鲁克林美术馆举办的第20届国际水彩画双年展。1955年，我曾以日本画家的身份参加过第18届展览，而这次是从美国出展的。当时的馆长约翰·戈登（John

Gordon）对我十分照顾，我至今都很感谢他。另外，我还参加了联邦德国勒沃库森美术馆主办的国际单色绘画展，这个展览是由欧洲建筑评论界的权威，同时又是艺术评论家的伍多·库尔特曼博士一手策划的。欧洲参展的有卢西奥·丰塔纳（Lucio Fontana）[2]、伊夫·克莱因（Yves Klein）[3]、皮耶罗·曼佐尼（Piero Manzoni）[4]等艺术家，美国方面有罗斯科和我参加。这次的联展是前卫艺术国际展，对当今世界最重要的绘画风格具有影响力。我是用三幅黑白波点作品来参展的。

来纽约已经两年，1960 年 5 月，由于在华盛顿的个展大获成功，斯蒂芬·拉迪什画廊决定与我独家签约。接下来，正好是一年之后的 1961 年 5 月，这家画廊为我举办了赴美之后的第五次大型个展。从 35 英尺（约 10.67 米）长的黑白波点作品算起，20 英尺（约 6.10 米）、14 英尺（约 4.27 米）、10 英尺（约 3.05 米）长，每幅单色调的油画与水彩，还有拼贴，都是巨幅的作品。

这个时候，艺术评论家们也在各家报纸上赞不绝口。

“两年前，草间弥生在第十街区亮相于纽约艺术界，成为众人瞩目的日本画家。她用白色与红色在深色画面上一笔一笔地刻画出很小的缝隙，形同一个个小细胞。草间弥生对绘画的激情，或许能帮助我们理解她的作品为何让人感受不到沉重和夸张的痕迹……这位画家通过作品告诉我们她并非就此完结，而是前景无

限。”（《艺术新闻》，查克·克罗尔）

“她在巨幅的画布上开疆拓土，所有的构图全是凭借着细节支撑。大部分的作品是在略显暗淡的背景下使用白色，另有少数作品用的是红色，与白色相映生辉。这位现居纽约的艺术家关心的是用单色反复追逐细节的过程。在她以往人生经验的某处，也许真潜藏着一张巨大的网。在这一点上，她的作品群不仅是一脉相承的，而且还能让关注她的人感到其中精致而细微的变化。”（《先驱论坛报》，卡莱尔·巴勒斯）

“斯蒂芬·拉迪什画廊正在展出草间弥生的非客观艺术作品，她的绘画方法犹如单纯的文字一样，揭示了造型艺术广阔的可能性。她的典型绘画能够无限延长，随处点染的奶油状的颜料此起彼伏，平波缓进，并将黑色碎石般的波点埋藏于其中。这些绘画说明了她在创作时的忍耐力是惊人的，全神贯注与屏气慑息的观画过程让人得以享受视觉上的刺激。”（《纽约时报》，斯图尔特·普雷斯顿）

“正在斯蒂芬·拉迪什画廊举办个展的草间弥生，她那些超乎寻常的巨幅绘画，竟然可以画得极端精练，这样的境界不禁叫人怀疑：在意象的创造与表达的技巧之间，是不是根本就没界限呢？这些尺寸各异、数也数不清的细碎点阵略泛青白色，遍布整个画布。从表面上看，其青白色之薄有时薄到可以让人看透画布的底色，但有时又如一座小山峰拔地而起。这虽然是一幅平面作品，但给人的印象是对空间的一种延伸。草间的个展还包括了她用红色和黄色创作的作品，而这些全是用一种令人瞠目结舌的方法完成的。”（《展览大观》，伊鲁玛·迪娅菲）

就这样，我在全世界最前卫的艺术中心纽约，确定了自己作为一名前卫艺术家的地位，我为自己的才能与幸运感到庆幸。综观当时的纽约艺术界，大师波洛克已经离世，在风云变幻的潮流之中，行动绘画一马当先，但是走到美国之王威廉·德·库宁和波洛克的信徒们这里，已经无法超越时代了。纽约是与艺术市场同步繁荣起来的，大家都在期待新的突破，而且期待已久。不过，即便是从世界各国汇集而至的艺术家们，也没有那么容易就能驱散这里笼罩的阴霾。

这是超越了美术领域的问题，同时也是进入近代文明深处之后才能思考的人性之本。不过，为了与现状相对抗，还是产生了新思想，但是内容不过是对皮埃·蒙德里安和瓦西里·康定斯基的缅怀，一步都无法超越历史上的理论，即便是新达达主义[5]也不例外。在这里，尚未出现能够决定一个世纪的方向的美术走向与复兴，即便是站到艺术之巅也很难预测。但唯一可以确信的是，那把打开未来的钥匙被紧紧地握在了我们这一代年轻人手中。

纽约尽管上演了所有的主义，但即便演到黔驴技穷，也无人惊奇。因为在这里，激烈的生存竞争充斥着一切，各种侥幸的机遇随处可见。这是一座谁都无法预测毁誉褒贬的城市，犹如沼泽地里的一条深沟。艺术经纪人无情的商业主义主宰了美术界，荒诞无稽，令人难以忍受，让艺术家们大为苦恼。在这种地方，如果想赢得世俗虚名的话，不能局限于成为百老汇歌手或者女明星，实际上还是有其他路可走的。如果选择一条不花力气的路，堕落的速度也会很快。不过，事态越险恶，越会涌现出许多胸怀大志、锲而不舍的艺术家，他们也能创作出优秀的作品。

我有时创作累了，就会去纽约现代艺术博物馆（MOMA）。站在浩瀚的艺术史前面，观赏着那些经得住时代考验的作品。我有时像解答数学题一样，带着批判的眼光对作品的创作过程以及灵感的社会来源进行逐步分析。可是一旦返回现实，思考自己的创作前景，又有重重难题必须面对。

从创作者的立场出发，一切都是赌博，都通向未知的世界。我和以往成千上万的艺术家一样被某种引力吸引，往高不可测的山峰攀登。如果知道这座山峰有多高的话，我的人生从明天开始就会变得黯然失色。我每天都觉得很不可思议，因为世上没有比画画或创作更让人野心勃勃的竞技场了。我终于抓到了造型艺术的线头，仅此而已。到了明天，或许一切都要推翻重来。就这样，我每天画，每天创作，每天不停地思考。

1. 杰克逊·波洛克（1912—1956）：美国最具影响力的抽象表现主义大师，以自创的“滴画法”而著名，被认为是美国本土产生的一位对当代绘画产生巨大影响的画家。他一生大部分时间与酗酒做斗争，1956 年因酒后驾驶出车祸身亡。
2. 卢西奥·丰塔纳（1899—1968）：出生于阿根廷的艺术家，以一系列“割破的画布”作品而知名，他将刺穿的画布视为一种唤出的无限，声称“创造了无限的一维”。
3. 伊夫·克莱因（1928—1962）：法国艺术家，二战后欧洲艺术界的重要人物。他是新现实主义领军人物，也被视为极简主义和波普艺术的先驱，创作了著名的“克莱因蓝”。
4. 皮耶罗·曼佐尼（1933—1963）：意大利艺术家，以反讽的观念艺术而闻名。他的作品不使用平常的绘画材料，而是将兔子皮毛、人类排泄物等作为创作素材，以挖掘真实而普遍的价值，也有人说这是为了讽刺当时艺术市场对艺术家的盲目崇拜。
5. 新达达主义：20 世纪 50—60 年代流行于美国的艺术风潮，使用现成物、废弃物、拼贴流行元素，以荒谬对比为主题，反对传统美学。

阳具形状的软雕塑

从 1961 年开始，我的作品出现了一个变化，即采用软雕塑的表达方式。原来一直画在画布上的那张网越画越大，乃至从画布上喷涌而出，覆盖了桌子、地板、椅子和墙壁。就这样，我无限发展了执念艺术（Obsessional Art），把自己从画家演变成一个环境雕塑家。

1962 年 10 月，我在纽约格林画廊（Green Gallery）的联展上第一次发表了软雕塑作品，内容是一把纯白的扶手椅和一把八脚长椅，被阳具形状的凹凸物件盖满。这家画廊是由理查德·贝拉米（Richard Bellamy）开办的，才开业一年。举办这次联展之后，这里就成了纽约波普艺术的发祥地。

克拉斯·奥登伯格（Claes Oldenburg）[1] 是这次联展的参展者之一，他的作品是一件坚如磐石的西装。后来，奥登伯格还发表了一件以数字为主题的软雕塑。我去看的时候，他的太太派特跟我说："弥生，真不好意思！"

接下来，1963 年 12 月，我在纽约格特鲁德·斯坦画廊（Gertrude Stein Gallery）举办了名为"千舟联翩"（One Thousand Boats Show）的个展。这是我的第一件装置作品。

在一条长 10 米、真实比例的船上爬满了白色阳具形状的凹凸物，满眼密密麻麻，周围所有的天花板与墙壁全都贴上了海报。海报一共 999 幅，全是这艘船的黑白照片。一旦站到这个空间里，人就会觉得有 1000 条船在自己的周围旋转，渐渐逼近，最终进入眩晕与充满幻觉的状态。

艺术评论家布莱恩·奥多尔蒂（Brian O'Doherty ）在《纽约时报》上写道："聚光灯打在小船的周围，贴在墙壁上的同一条船的照片与之反复重叠，引发共鸣，最终融会在一起，归置到中央的船上。看上去虽然不起眼，但这件作品却诗意盎然，我们不该把它当成超现实主义的恶作剧而一笑了之。草间弥生创作了奇妙而蠢蠢欲动的物件与环境。"

安迪·沃霍尔 [2] 一到展厅就大喊："哇！弥生，这……是什么呀？"

然后接着说："精彩！"几年之后，在利奥·卡斯泰利画廊（Leo Castelli Gallery），沃霍尔发表了一件作品，他用绢版印刷的牛头海报贴满了天花板和一面墙壁，明显是再现或模仿我的《千舟联翩》。

至于为什么我一开始做软雕塑就选择了阳具形状，这是因为我认为性行为是污秽的，我对其抱有恐惧。我做过很多与性行为有关的艺术物件，正因如此，有人认为我对性行为是非常热衷的，但这完全是一场误会。实际上，我非常害怕性行为。

为了治愈我对性行为的厌恶与恐惧而创作出来的物件就是男人的阳具。我一直制作，一直制作男人的阳具，以这种方法克服内心的恐惧。换句话说，这是一种自我疗法，我把它命名为"心身艺术"（Psychosomatic Art）。

性行为以及阳具对我来说异常恐怖，甚至恐怖到我躲进壁橱里也会浑身发抖。因此，我才制作一大堆那个形状，非常投入、忘我地制作。拼命地制作让我置身于恐惧之中，由此治愈自己的心，然后从恐惧之中慢慢地脱离出来。我每天都要制作成千上万的可怕形状，致使恐惧感逐渐变成亲近感。

至于我为什么如此惧怕性行为与性器官，这与教育和成长环境有关系。我从幼年时代一直到少女时代，都因为这件事而苦恼。当时的教育灌输给我们的是：性行为是污秽的，是可耻的，是必须要遮前掩后才行的。再加上当时的风俗是相亲要讲究门当户对，绝对不准许自由恋爱，女孩儿不能跟男人自由交谈。

另外，我小时候目击过好几次别人的性行为，那种闯入眼帘的恐怖体验吓到了我，且越来越膨胀，令我窒息，乃至于对未来感到极度不安。当幼小的我一想到这是那些大人包括我的至亲会做的行为时，惶惶不可终日的情绪就一直如恶魔附体，挥之不去。我把性行为看成暴力，由此投射到了男人性器官的形状上。

我讨厌可怕的暴力与战争。可是，人类尽管付出了不懈的努力，还是无法避免其发生。最终，战斗的冲动可以归因为男人有生殖器。只要男人有生殖器，他们就永远不会放弃战争与暴力。

我起早贪黑，总是在制造这些令人生畏的形状，并以此压制恐惧的情绪。我制造了不计其数的男人阳具软雕塑，并睡在它们中间。这样一来，那些可怕的造型慢慢变化，变得古怪而可笑，变得光明正大，好像在为了自己的疾病而高唱赞歌。就这样，我制造出了数以亿计的阳具，以一种温柔至极的态度。

我以“心身艺术”的方式首次把“性与食物”的主题引入美国的当代艺术。对我来说，食物是“心身艺术”所表达的对象，同时也是我所恐惧的对象。举例来讲，我之所以使用通心粉的形状来创作，也是源于自己的执念。

我们生活在一个被食物团团包围的世界，食物从餐厅的传送带上源源不断地传过来。我们求死不得，除了活下去，别无选择，只能把那些食物吞食下去，且永无休止。人类吃的是机械生产的食物，而且要一直吃一直吃。只要一想到我们还要吃几千倍几万倍数量的通心粉，我就不寒而栗。我被一种强迫性的观念所侵袭，于是开始亲手制造通心粉的雕塑，企图超越内心的恐惧感。

1. 克拉斯·奥登伯格（1929— ）：瑞典艺术家，创作了众多雕塑、素描、绘画及行动艺术作品。
2. 安迪·沃霍尔（1928—1987）：美国著名艺术家、电影制片人、作家、摇滚乐作曲者、出版商。他是视觉艺术与波普艺术的开创者，被誉为20世纪艺术界最有名的人物之一。

创作，而后毁灭

一般来说，艺术家是不会把自己的情结原封不动地表现出来的，然而我却把情结与恐惧直接当成了表现的对象。只要一想到那些又长又丑的阳具会进入身体，我就觉得很可怕。因此，我制造了一大堆阳具。想到往后还要不厌其烦地吃那种由机械制造出来的通心粉，就觉得心惊胆战。所以，我雕刻了一大堆通心粉。

制造、制造，我一直在制造，把自己淹没于表现物之中。这就是我所说的“清除”，意思是把自己消融掉。

比如说，我把全身都画上波点，然后在背景上也画满波点，这就是“自我消融”。或者，我把一匹马以及背景全画上波点，马的形象被波点同化，犹如消失了一样。而马的灵魂与永恒合而为一。我也不例外，就是这么消除自己的存在的。

物件上的斑点与画在上面的波点有双层关系，波点是“阳”，背景是“阴”。创作阳具软雕塑的时候，我突出表达的是“阳”，阳具相互之间的空隙是“阴”。把阴阳打造成一体是我的表达，而唯有这时候，我的存在才能得以“消融”。

我就是这样不断把执念的创意具体化，1964 年 4 月在纽约的理查德·卡斯特拉内画廊（Richard Castellane Gallery）举办了个展“压迫意象”（Driving Image Show），提倡“心身艺术”，同时还展出了相关的系列作品《性·食物·执念》（*Sex·Food·Obsession*）。

内裤、衬衫、大衣、鞋，还有性征等很多事物都被机械生产出来的通心粉覆盖，这是“食物与性征的强迫症”。另外，瓶子、桌子、厨房用具和鞋全被盖上了一层无限的网，把“忍耐的造型”“强制的家具”“强迫的房间”“视觉增殖”“空气强迫”“食物地毯”这些概念彻底具体化了，我的表达犹如一张被掀翻的桌布逆势翻转过来直击电话。

桌布的花纹从电话表面开始蔓延，逐渐爬上了背后的门，铺满了墙壁和天花板。地板上全是通心粉。我把一条全身盖满了通心粉的狗放入会场，女性观众因高跟鞋踩到了通心粉而发出尖叫，那条狗则在众人的脚步中穿梭不停，吠声如豹。

关于这次个展，《纽约时报》写道：“草间开拓了新的艺术领域，该展览不容错过。”个展除了在美国各地展出以外，还去了欧洲，赢得了很多素未谋面的支持者。从那时起，我开始频繁地来往于美国与欧洲之间。

在纽约的个展上，最让我难忘的是赫伯特·爱德华·里德爵士的来访，当时里德从英国到美国马萨诸塞州的韦尔斯利学院演讲时，专程来看我的展览，给了我很大的激励。

其实我和里德很早就有过交流，经由比阿特丽斯·佩里夫人（Beatrice Perry）的介绍，他曾来过我 1960 年在华盛顿举办的“无限的网”个展。他是出生于英国约克郡的诗人、文艺评论家，不仅推荐我进入了“美国现代新人展”，还给了我诸多帮助与鼓励。

关于“压迫意象”展，里德写过这样一段话：“我在几年前的华盛顿发现了草间弥生的艺术，当即就感到自己是站在独创才能面前的。她的初期作品无始无终，无形无界，强调的是空间的无穷尽。她创造出了一种彻头彻尾的形式，犹如菌丝繁殖，意识被封存于白色的遮掩物之中。这是自律的艺术，毫无保留地展示了一种超越的真实。奇妙而美丽的印象令人惊诧不已，在我们的感官上留下了鲜明的烙印。”

一方面，我创作的食物与性征的意象后来逐渐风靡 20 世纪 60 年代的纽约画坛；另一方面，我的创作逐渐进入打造立体感与空间感的阶段，我开始用镜子与塑料进行创作。其成果就是 1965 年 11 月在卡斯特拉内画廊举办的个展“无限镜屋——阳具原野”，我展出了同名作品。

房屋的四面装设了镜子，让好几千个挂满红点的白布阳具生满地面。四面镜子把中央的物件团团包围，通过无限的反射，呼唤出庄严而又不可思议的“阳具原野”。人们可以赤脚走在房屋里，雕塑与观众浑然一体，所有的人都可以体验自己的姿态与移动都成为雕塑的一部分。迷失在无限延伸的神秘国度里的人们，因为站在波点的原野上而变成了幻觉的俘虏。大家看见了恢宏壮阔的性象征的聚集转变成了幽默的波点，对性的恐惧被搁置在光天化日之下因而消失。

作为镜像系列之后的新阶段，我开始了电子雕塑。1966 年 3 月，我同样在卡斯特拉内画廊举办了个展，名称是“草间弥生的窥视”（Kusama’s Peep Show），别名是“永无止境的爱”（Endless Love Show），这次个展没有展出绘画作品与立体雕塑，而是由一个多媒体的装置构成。

有一间屋子，内侧全是镜子，天花板上也嵌满了红白蓝绿黄的小灯泡，交互明灭，闪耀夺目，绵延不绝。会场中播放着音乐，我给到场的每个人发放一枚“无限的爱”（Love Forever）徽章。

个展的宣传册上是这么写的："我的1966年'永无止境的爱'个展上，包含了机械化、重复、冲动、眩晕、无法实现的无限的爱等概念。我把这些装置叫作'窥视秀'，因为观众在这间屋子里尽管可以观看，但什么也摸不到。"

安装在天花板上的照明设备高速运转，每一个瞬间的闪烁都会出现不一样的排列与组合，色彩斑斓。17种魔幻般的景象幻化成万物起源的光，把进入电子雕塑屋的人们诱拐到一个疯狂的世界。我曾经身处这种让人灵魂出窍、不知生死的境地，现在终于将其再现。我把这个巨大的环境雕塑命名为《无限的爱》。在卡斯特拉内画廊举办的这次个展，很快得到大家的交口称誉。

这是献给我们一生之爱的宣言。成千上万的光束闪灭通过四周的镜子反射出来，这难道不是我们在现实中的幻影吗？闪灭之后的黑暗把我们的灵魂诱入了一片不见天日的死寂中，每一个瞬间的间隔都切断了人生这场大戏，并且拒绝了生命与享乐的万花筒，迫使刚才迷幻的光变成了梦境，或者是泡影。这就是人间乐园。

飞奔于一望无际的高速路

让我们倒转一下时间。1965 年 4 月，在荷兰的阿姆斯特丹市立美术馆举办的联展“Nul /Zero 1965”上，我展出了《千舟联翩》。当时主要的参展人是卢西奥·丰塔纳、伊夫·克莱因、皮耶罗·曼佐尼、意大利艺术家恩里科·卡斯泰拉尼、荷兰艺术家亨克·皮特斯等人。

《艺术之声》的主编戈登·布朗（Gordon Brown）写了一篇题为《草间弥生——第一位执念艺术家》的文章，刊登在《当代艺术》7 月号上：“一般来说，美国人都以为日本女性和养在温室里的花朵一样，但我见到草间时却大吃一惊。她很强大，让人刮目相看，犹如一台融能量与艺术于一身的人肉发动机。她很可爱，现在正值创作的巅峰期，魅力四射，具备很强的冲击力量，博得了三大洲观众的喝彩……应邀在荷兰阿姆斯特丹市立美术馆参展的草间，与委内瑞拉艺术家杰苏斯·拉斐尔·索托、德国艺术家汉斯·哈克齐名，拥有自己的个人展厅……开幕式邀请了两百多位记者、艺术评论家和艺术经纪人。为了这一天，草间专程从纽约赶到现场接受了大家的采访。虽说是采访，但实际上，大家都被草间充满青春活力的言谈举止所吸引，她一身黑大衣，鲜红色的紧身裤与鞋子搭配，奇装异服征服了所有人的目光。”

在这之前，日本的新闻媒体几乎完全无视我的存在，从这次展览开始才逐渐关注我。“说到活跃于纽约第一线的艺术家，我们不能不提草间弥生。在麦迪逊大道一流的画廊中，如果要谈论日本艺术家的话，第一个想到的就是草间这个名字。她把芋头形状的毛茸茸的白色布质玩偶盛满了一船，甚至铺满整把椅子和整尊人体模型。草间是 7 年前东渡美国的，得到了赫伯特·里德的赞赏，最近除了美国之外，还被欧洲各国广泛介绍。”（筱田守男《美国的另类雕塑家们》,《美术手帖》1965 年 4 月号）

从 1965 年底到第二年的年初，我一直住在意大利的米兰，准备参加威尼斯双年展，我的策划是展出一件户外装置作品。当时支持我的是卢西奥·丰塔纳，他把自己的工作间让给我用，帮我制作作品。甚至连如何筹集制作费都帮我想到了。为此，我赠送给他一个盖满阳具的行李箱。

有些报道说我没有接到第 33 届威尼斯双年展的邀请，属于擅自参加，并被主办方停展了。对此我需要澄清，尽管没接到正式邀请，但我当时直接搞定了策展主席，确实拿到了对方的许可。

环境装置作品的名字是《自恋庭园》，是用 1500 个塑料材质的镜面玻璃球铺满一片郁郁青青的草坪。当时的策展主席亲手帮我布置，这证明了我并不是没有参展许可。我把两年前赫伯特·里德赞扬我个展的文章印刷成册，身穿金色的振袖和服、绑着银色腰带，站在自己的作品前把册子送给大家。

为了批判艺术界过于商业化，我以一个镜面玻璃球 1200 里拉（当时约 2 美元）的价格出售，与观众互动让威尼斯双年展的策展方大吃一惊。他们认为把艺术作品当成“热狗和冰激凌”那样销售是不合适的，并决定禁止镜面玻璃球的销售，所以我只好让作品维持原状。

从那时算起，约 30 年后的 1993 年，我作为正式受邀参加威尼斯双年展的日本代表展出了自己的艺术作品。这件事让我感慨万千，在 1966 年，无论什么事情都是自己打拼出来的，所以给我留下的印象十分强烈。

就这样，我逐渐发展起来，一边进化，一边增值。觉得直到临终前，会一直犹如在高速路上策马飞奔，还能喝掉好几千杯自助式咖啡。不管自己是不是喜欢这样，我都会继续追求，继续从各种各样的感受与景象中逃脱出来，一直逃到生命的尽头。

我无法叫停生命，也无法逃脱死亡。持续生存的意识有时会逼疯我。创作前后，我经常生病。依附在我身上的妄想观念始终在威胁着我，也不知这些问题是从内部浮现的，还是从外部袭来的。

我不是基督徒，也不是佛教徒。我在现实与非现实之间彷徨，没有强大的自制力，觉得完全被抛进了一个机械化、标准化的均质环境。在高度文明化的美国，特别是在纽约的时候，更觉如此。

文明化是一大片不可思议的森林，人类处于其中的裂纹之中，存在着精神与肉体的诸多问题。我对如何理解人与社会以及自然的关系抱有浓厚的兴趣。我的艺术造型往往都是从积累这些问题的过程中发展而成的。

第二章

我与故国的离情别绪——作为画家的觉醒

1929—1957

倾听堇菜花的声音

我是 28 岁的时候去美国的，如果当初没去美国，我就不会是今天的草间弥生了。赴美之前，我的生活环境保守、令人窒息，我的梦想就是尽快从那里逃出去，哪怕提前一天都行，为此我不断努力。我本想更早些逃走，但当时的出国条件很严苛，再加上家人尤其是母亲的强烈反对，就一直拖到了 28 岁。

不过，能出国真是太好了。如果我继续留在日本的话，就不可能有今天的成就。无论作为一个人，还是作为一个艺术家，我之所以能有如此的成长，全仰赖美国的环境。

我于 1929 年（昭和四年）3 月 22 日出生在长野县松本市，是家里最小的孩子，父亲叫草间嘉门，母亲名为茂。

我的家世格调很高，100 多年前就已经在一大片土地上经营着育苗与采种场，每天雇用一大堆人来采收种子，把堇菜花与百日草分类，再批发给日本各地的零售商。在当时温室还是很少见的，但我家已经有了 6 间温室，于是变成了学校组织学生来参观的景点。我家属于资本家，赞助过当地的画家，对美术有一定的理解。不过当我想要成为画家时，却又另当别论。

我的外祖父是个野心家，无论在事业上还是政治上都非常活跃，母亲继承了他刚强的血脉与脾气。父亲是倒插门的女婿。这样的家世背景也是我在童年与少女时代遭受严格管控的原因之一。

1935 年（昭和十年），我上了长野县松本市立镰田小学。1941 年，日久月深的战火逐渐蔓延，到了太平洋战争爆发的那一年，我上了长野县松本第一女子高中（后来改名为长野县松本蚁崎高中）。从那时候开始，我出现了幻觉与幻听，不仅能看到物体周围浮现的光，还能听到动物或植物在喋喋不休低语。

我从小就常常带着素描本去采种场玩，那里有一大片田野开满了堇菜花，我喜欢坐在花丛中胡思乱想。有一天，一朵朵婀娜多姿的堇菜花突然像人一样跟我说话，声音越来越大，逐渐大到震耳欲聋的地步。

我原来以为天下只有人才会说话，遇到堇菜花用语言跟我沟通，我吓得魂飞魄散。那一刻，我眼中的堇菜花全部长着人脸，而且都朝我看。我惊恐万分，全身不停地发抖，完全不知所措。

我不顾一切地奔跑，一直跑回家中。途中，我家的狗追上了我，用人话冲我吼叫。我也许是被它吓着了，发现自己的声音竟然也变成了狗叫。这究竟是怎么一回事？到底发生了什么？我飞奔回家，完全陷入一种丢魂丧胆的状态。后来我脸色发青地躲进壁橱里，才好不容易松了一口气。回想刚才，到底是现实还是梦幻？我无从可知。

有时我走在郊外，正是入夜的时候，天色渐渐变黑，随意抬头仰望，竟然发现山脉的连线上突然金光四射，艳色耀目，映入我眼中的全是光怪陆离的景象。面对这些情况，我真不知道怎么办才好。

每次遇到这种情况，我总是会飞奔回家的，把看到的东西一股脑儿全画到素描本上。在那当下，我的心好像起飞了，闯入了另一个世界。为了把这些景象都留住，我一直坚持画画，有好几本手账都记满了当时的幻觉。我的惊异与恐惧就是用这样的方式被一一稳住的。这些经历就是我绘画的起点。

堇花妄想

有一天　我的声音突然
变成了一朵堇菜花
静下心来　屏住呼吸
真的吗　万物
今天发生的一切

铺在桌面上的堇菜花掉了
爬行在我的躯体上
一朵一朵　纠缠不清
紫色的花朵
为了抢夺我的爱

危机起伏
直立不动
连天花板和柱子都已花香袭人

堇菜花盛开不衰
青春受难
请堇菜花不要同我说话
赶紧把声音还给我
我不想长大
再给我一年就行

我每天都在画画，脑海中的灵感层出不穷，手已经跟不上思维了。过了 60 年，我画画时的状态也是如此。总之，一定要在灵感消失前把它记录下来。比如我有一幅很早的作品《别离》。当时我刚与人别离，非常悲伤，就从壁橱里拿出一些和自己的心情相贴近的碎布，一边流泪，一边创作。当时的我根本不知道什么叫拼贴，但从小就这么创作了。

我从小就发觉自己在视觉、听觉以及内心深处能感受到自然、宇宙、人类、血与花，还有包罗万象的世界，它们以神奇、恐怖乃至神秘的方式给我留下深刻的印象，把我的生命牢牢捆住，使我无法挣脱。这些不可知的、隐藏于灵魂背后的怪物犹如冤魂一样顽固，长年对我穷追不舍，直到把我逼到半疯狂的状态。

这些未知的怪物一下迷离恍惚，一下光彩照人，一下沉入幽深的海底。但让我如此热血沸腾、教唆我怒火万丈的怪物，到底是什么东西呢？我从中逃脱的方法只有画画！我在纸上用铅笔和颜料把它们画出来，让它们在视觉上再现。想起来了就画，不停地画，最终才得以控制它们。

在那时候，精神专科的医生并不像现在这么普及，每当焦躁不安、幻觉或幻想迎面袭来时，我只能独自与之对抗。我的听觉有一部分已经受损，但这个秘密只有我知道，因为生怕被谁给暴露出去。我有哮喘病，时而发作，这是与外界接触时所产生的紧张感造成的。关于我的这些身心疾病，周围没有人可以与之商量。男女之间的情感以及人世间的其他情感对我来说更犹如一团雾水，全部不可言说。父母、社会与我之间的关系，处于完全被切断的状态。这种状态令我抓狂，几乎要发疯，同时也让我觉得世间的一切都是不合理的。

如果用比喻来说的话，我在母亲的子宫里就已经绝望，对周围以及我自己全部是绝望的。在这样的世界里，我没法活下去。但正因如此，画画成了我走投无路之后唯一的呼吸。我是基于原始的本能开始画画的，在当时实在与艺术相去甚远。

现实与幻想之间的徒劳往返

堇菜花事件仅是一个开端。后来我和很多物体都进行了灵魂的交流，从现实的世界钻入了变幻无常的幻影之中。当那一切发生时，我全身都起了鸡皮疙瘩，心惊胆战。我虽然恐惧，但认为那不是幻影，而是整个世界的真实面貌！我精神错乱，身心被拖进了一个陌生的世界。

我有一个神秘的记忆——在昏天黑地的池塘边，万籁俱寂，绿藻下，一个鬼影企图勾引我的灵魂。我的灵魂不知不觉被他引出，并慢慢坠入池塘中溺死。那是我灵魂脱离肉体的瞬间，是一个被持续附体的时空体验。我的人生被迫在生与死之间彷徨不定。

有一天，我看到桌上盖了一块红色花纹的桌布，再抬头一看，发现到处都盖满了同样的花色。整个房间、整个身体、整个宇宙都被红色花纹所遮盖，而我自己却消失了。后来，我在永恒的时间与绝对的空间里又还原回我自己。这不是幻觉，而是现实本身。我的内心惊恐万状，紧接着整个身体被无限的网给捆绑住了。

我必须逃出去，要不然就会被红花诅咒，结局是必死无疑。于是我不顾一切地跑向楼梯。往下一看，楼梯正在一层一层地崩塌。我被绊倒了，从上面跌了下去，扭伤了脚。

我后来发展起来的艺术的基本概念，包括解体与积累、增殖与分离、粒子的消灭感以及看不见的宇宙回声，全部生发于当时的亲身经历。

还会出现一张薄纱，经常令我深感不安，它像颜色不定的灰色蚊帐，把我团团围住。遇到这样的日子，我面前的人都会退到很远之外，看上去很小。即便与人交谈，也不知所云。这时一旦出门，就会忘记回家的路，在路上徘徊，躲到别人家的屋檐下，整夜不挪窝，直到清醒过来。这样的事情也不知发生了多少次。当我变成那一张将我与其他人隔离的“蚊帐”的囚徒时，就会丧失感知时间、速度以及与人说话的能力，只能关起门来庇护自己。这么一来，别人更把我当成“问题儿童”而束手无策。

当我往来于如此陌生的世界与现实之间时，总会生病，变成创作的囚徒。我在纸上和画布上作画，制作一些不明所以的物件，通过不断重复，缓慢唤醒自己的内心空间，让身心回归原位。这一连串的经历都是我之所以成为艺术家的基石，我不是为了混口饭吃才搞艺术的，更不会像变色龙那样一味追捧时尚流行，滥竽充数。

我是别人眼中的特异儿童和不良少女，有很多自身的问题。就这样，从童年到青春期，我像被扔进了惊涛骇浪中一样。这是一场永无止境的战斗，而我的父母总是在吵架。

尤其让我烦恼的是我的父亲，他是从富裕人家过来倒插门的女婿，但性格豪爽，放荡不羁，从来不顾家。他挥金如土，经常去花柳街找艺伎取乐，连家里的保姆都不放过，且一再出手，可以说是荒淫无度。我的母亲是出身于大户人家的贵小姐，生性傲慢，对我父亲的恶行愤懑不已，加之她的性格一向刚烈，两人把全家弄得天翻地覆，鸡犬不宁。

每次父亲一出去找姘头，母亲都会叫我去盯梢，看他到底去了哪里。我虽然不喜欢盯梢，但因为是母亲交代的事情，只能照办不误。我在寒冷的冬日里全身发抖，一边流着鼻涕一边往前走。不过因为当时我还很小，所以很快就被父亲甩到后头了。结果回家一报告，母亲就对我大发雷霆。为了能从母亲那里拿到可以买一大碗馄饨吃的跑路费，我每次都拼了命地去找父亲。这样的事情反复发生，搞得我无法好好学习。

在这么一个凄惨的家庭里生活，唯有画画才能让我保持心静。加之我对待人接物完全没有概念，一天到晚都容易与别人发生很激烈的摩擦或冲突。日积月累的不安与精神负担又因为周围人对我的诽谤而日益加重。面对未来的忧虑，犹如每天用掏粪的手在同一个茅坑里搅来搅去，阴湿不堪。这些事情日日积累下来，逐渐让我的心变得凶暴起来，乃至到了荒芜的地步。

如果按照当时社会上的价值观来说，“女性作为画家是毫无前途的”，我家的家风如此封建保守，所以根本无法逃脱“画画算个什么东西”的观念。

尤其是我母亲，极力反对我画画，在她的想象中，我也许是一个老后病魔缠身，然后流浪街头，最终上吊自杀的人。在当时，乡下的画家都想变成有钱人，拿到钱后就酗酒滋事，很多人就像行尸走肉，毫无体面可言。因为我母亲被这些人兜售过画，所以她觉得自己的女儿变成这样就糟糕了。

她跟我说，如果喜欢画的话，当一个收藏家不好吗？绝对不许我当什么画家。可是我整天除了画画之外，什么也不做。母亲被我气疯，有一次一脚把我的调色板踢飞了。有时她还跑过来和我吵架，我们扭打成一团。

母亲给我买洋装与和服，无论花多少钱都不吝惜，但绝对不给我买画具和画布。在这一点上，我父亲反倒没说什么，他不反对我画画。我最早的画具是父亲买给我的。虽然母亲反对父亲买这些东西，但因为父亲自己也喜欢画画，所以还是为我准备了一流的画笔与颜料。当时我已经拿定主意，如果父母离婚的话，我就跟父亲。

我母亲是个神经脆弱的人，而且有时会歇斯底里，加之父亲纸醉金迷，更使她痛楚万分。她只要一看到我画画，就会当场掀桌子，把画全撕掉。我与母亲水火不容。有一次我忍无可忍，于是离家出走，和一位女友一起在天色孤寂的清晨一直逃到了东京。

不管怎样，我还是顽强地画了很多很多的画，一幅又一幅地贴满了天花板。我脑海中的意象每次都犹如火山爆发一样滚滚而出。最倒霉的是为了购买画布和画具而疲于奔命，不过为了画画，让我干什么都行，甚至可以不择手段。

我还偷过能用作画布的东西，这件事是我在迷迷糊糊的状态下做的。我也曾偷家里的钱买过画布，当拿到朋友给的外国油画颜料时，简直如获至宝。还从进出我家的工人那里偷过油漆。把捡回来的麻袋铺在人家的窗框上画画，画出了《隔离布幕的囚犯》和《积累的大地》。

更糟糕的是，反对我当画家的母亲忽然又念头一转，开始怂恿我嫁给有钱人家。她带了一大堆照片给我和我姐。姐姐先行出嫁，她挑剩下的相亲照片全都塞给了我。总之，我看了一大堆照片，其中有医院院长的大儿子、大地主家的公子，都是乡下最棒的相亲对象。不过我一门心思想当画家，当然全都拒绝了。

与南瓜面对面的日子

战争结束后的 1948 年（昭和二十三年），我 19 岁，被编入京都市立美术工艺学校（后改名为京都市立铜驼美术高等学校）的四年最终课程。当时，我一心一意想脱离父母家生活，选择去京都也是因为这个。母亲也觉得让我上学念书挺好的，尤其是教养礼仪方面还是去京都学习比较好，于是就把我托付给了一户小笠原流[1]的传统大户。

我读的是日本画专科，但这对我来说并不愉快，甚至可以说很痛苦。老师只会命令学生要画得精细，其余什么也不教。后来我实在忍受不了，基本上不再去学校了。于是整天把自己关在屋子里画画，结果学校打电话找我，警告我如果再不上学就要被勒令退学。

我讨厌京都为画家论资排辈以及讲究师徒关系的老一套做法，因循守旧、腐朽不堪的京都画坛叫我不寒而栗。人际关系纠缠不清，连上学都摆脱不掉，我快要窒息。我心心念念要去辽阔的美国。

很多年之后，南瓜成了我创作的主题。实际上，我很早就已经在拼命地画南瓜了。第一次看见南瓜是小时候跑到祖父那一大片采种场玩的时候，种着用于采种的百日草、日日草、旱金莲的田间小路上，到处点缀着南瓜的小果实和小黄花。

偶尔朝深处看去，南瓜长大了，长大了，都快和人一样高了。我拨开一排一排的百日草，把手伸进去摸，然后从根上把南瓜拔下来。这时，南瓜突然复活了，开始跟我说话。和南瓜接触时的手感之可爱实在妙不可言。刚刚摘下来的南瓜挂满了露水，闪闪发光。

“唐南瓜野郎”是一句骂人的话，专骂面目可憎的男人，或者用“眼睛和鼻子都长在南瓜上”形容圆钝钝的丑女。总之，南瓜给人的印象似乎不太好。可是对我来说，南瓜的外形有一种超级可爱的魅力，我喜欢到痴迷的地步。我对南瓜产生浓厚兴趣，源自它“心宽体胖”的造型以及强大的精神安定作用。

在我十七八岁的时候，地方上举办过一个画展，我拿去投稿的作品就是南瓜。我只是用日本画的画具画了一堆大大小小的横排的南瓜，结果受到好评，还得了一个奖。

我在京都大约住了两年，一直住在半山腰一家旅馆的二层。开旅馆的是一对俳句诗人夫妇，还带着两个小孩。在那段时间，我曾经尝试用最写实的方法画南瓜，在红毛毯上铺好一张卵麻纸，再把笔放置在身边，开始打坐冥想，一直到早上太阳从京都东山升起。我席地而坐，与南瓜面对面，忘却世上的一切，把全部的精神都集中到一个南瓜的身上，犹如达摩面壁十年。我花了一个月的时间面对一个南瓜，甚至废寝忘食。

我不顾早中晚，没日没夜地画南瓜，甚至连表皮上一点一点的细颗粒都画得淋漓尽致。我还仔细描画了变红的青番茄、两块甘薯以及上面毛茸茸的斑点。还画过一颗洋葱，它是所有蔬菜中最显眼的，我至今都保留着这幅作品。这些都是我的毕业作品。我父亲尤其看中洋葱的那幅画，把它挂在自己的房间里，即使后来我去了美国，依然保管得完好无缺。父亲过世后，我把这幅画拿到了自己的房间里。

1950 年（昭和二十五年），我的日本画作品《猫》入选了第一届长野县展。第二年，日本画作品《残雪》入选了第二届创造美术展。1952 年，我在 23 岁的时候，终于举办了有生以来的第一次个展。为了这一天，我每天都用水彩、树胶水彩和油彩不停地画，不断地创作。其中也有很多和无限延展的网有关的作品。

3 月的时候，松本市第一公民馆展出了我的《蛾之死》《永地》《植物的残骸》《树精》等近 270 件作品。这虽然只是漫长路途上的第一步，但的确让我获得了一种成就感。

《画室》杂志 1953 年 1 月号登了一篇对谈文章，参加者是阿部展也、田中忠雄和德大寺公英。阿部展也说："我去松本市看了展览，有一个叫草间弥生的年轻女子的个展，展出了 200 多件作品。她很有潜力，未来大有可为。她画的黑色的线仿佛引流出了人的心相，有点儿壮观！"

同年 10 月，我再接再厉，又在松本市第一公民馆举办了第二次个展，展出了《自画像》《别离》《海底》等油画与素描作品，加起来大约有 280 件。当时，评论家泷口修造[2]为我撰写了一篇名为《论草间弥生的个展》的文章。

因为个展的举办，有一件大事在我身上发生了。信州大学医学部神经专科的医生西丸四方博士，在为我治病期间看了我的画，他说："这人是个天才！"此外，他还在日本精神神经学会上发表了我的作品，替我广泛宣传。

西丸博士给我提出建议："待在家里，你的忧郁情绪会越来越严重，尽早远离你母亲吧。”他的话让我更加认真地考虑出国的事情。我只要留在日本，无论到哪儿都会被母亲找到，一旦被她送到专收精神障碍者的学校的话，我就彻底毁了。

实际上，最根本的原因是，我的艺术与保守封闭的日本格格不入。

1. 小笠原流：形成于日本室町时代的一个武士流派，在箭术、马术、礼仪等方面有其规范。明治以后，这套规范也被运用于学校教育尤其是女子教育上。另外，在兵法、煎茶道、茶道中也有自称小笠原流的。
2. 泷口修造（1903—1979）：近代日本具有代表性的艺术评论家、诗人、画家，是超现实主义理论在日本的支柱人物。

抛下巴黎去东京

1953 年（昭和二十八年），我 24 岁，立志去巴黎，并且收到了大茅舍艺术学院（Académie de la Grande Chaumiére）的入学通知书。西丸四方、内村裕之两位先生推荐我成为领取文部省奖学金的学生。此外，有关我要去欧洲留学的消息还被两份地方报纸报道了。不过因为突然得到了一个可以在东京举办个展的机会，我改变主意放弃了巴黎，转而去了东京。

1954 年（昭和二十九年）2 月，我在东京日本桥白木屋百货店举办了第三次个展。这次展出了《季节风》《夜的洋地黄》《古代的仪式》等大约 80 件作品。为这次个展写推荐文的是泷口修造、式场隆三郎、植村鹰千代、阿部展也四位先生。

画家鹤冈政男在《水彩画》杂志5月号上写了一篇题目为《草间弥生的个展》的文章。“一眼看上去，不知是怎么画出来的，各式各样的材料展示出了一个通元识微的小世界。她擅长于使用颜料的颗粒，从混浊到高纯度的原色都使用得很好。她的用法是混搭的，颜料是树胶水彩、水彩、岩彩、珐琅、墨水、漆、墨汁等。工具用的是刷子、毛笔、钢笔、手指等。这次参展的作品虽然没有一个统一的构成模式，但每一件都是一种自由组合，有点有线，色彩层出不穷，自由构成，呈现一种包容分歧的协调感。”

这期《水彩画》还用了我的作品《芽》当封面。这一年的8月，我在东京的美松书房画廊也办了个展，展出了《城》《隐者》《沉入海底的陨石》《心》等80多件水彩、粉彩与蜡笔画作品。10月在东京的养清堂画廊举办的“日本女流画家八人展”，我的3件水彩作品也参展了。

1955年（昭和三十年）1月，准备用来参加纽约市布鲁克林美术馆举办的第18届国际水彩画双年展的作品，在东京普利司通美术馆做了预展。同月，泷口修造策划的个展在东京竹宫画廊举办，他选了我的《章鱼》《树神》《成仙的乡巴佬》《背叛的日子》《相遇》《兆》《红色褪了的月亮》《骨之遁逃》《岩石的一生》等40多件作品。

3月，经由作家林芙美子[1]的介绍，我在东京的求龙堂画廊举办了个展，展出了《不知火》《树神》《珊瑚礁》《花精》《树精》等15件作品。参观这次个展的作家川端康成和艺术评论家久保贞次郎购买了我的作品。

关于这次个展，冈本谦次郎在《艺术新潮》杂志5月号上撰文写道："立体派与超现实主义尝试了很多手法，尤其是贴花画法与擦印画法已经被随机操作，乃至无法掌控其结果。草间弥生通过各式各样的组合，把技巧转变成自己的工具。她不拘泥于立体派与超现实主义的理念，而是希望通过直觉，把手法与生理反应合二为一。这样的创作手法非常女性，早在几年前，她就已经用日本画的颜料展示过她的描绘技巧。"

同样在《艺术新潮》5月号，我也发表了一篇文章，题目是《新人的主张，傻子伊凡[2]》，在此引用如下一段："我为地上被覆盖的阴暗面而歌唱，明心见性，犹如隐藏就是展示一样。桃子虽然出现了虫子的巢穴，却显示了桃子的生命力。我用这样的方法为神秘揭开面纱，进而藏身于神秘与象征的中间世界，在那里生活。"

在同一篇文章里，我对当时日本流行的社会现实主义和存在主义提出了否定的意见，这对追求"神秘与象征的中间世界"的我来说，自然是理所当然的。

文中还有一段话，应该是这样的："托尔斯泰写过《傻子伊凡》的故事，一直到恶魔认输为止，我都会继续工作。为什么？因为恶魔是艺术的敌人，但更是艺术的伙伴……这就是说，恶魔只能栖身于自由里面，当一切落下帷幕，他便即刻消失。"

我现在，不，随着岁月的流逝，我越来越坚持与既是艺术的敌人，又是艺术的伙伴的恶魔做斗争。我从来就没有栖身于一个明哲保身的状态，而只是活在自由之中。

1. 林芙美子（1903—1951）：日本女性小说家、诗人，著有《放浪记》《浮云》《晚菊》等。
2. 傻子伊凡：出自一个关于“傻人有傻福”的俄国民间故事，托尔斯泰曾将其写成童话故事而广为流传——为使伊凡三兄弟互相争斗，魔鬼们设下种种诡计，但都被勤劳、无私、执着、善良的伊凡一一挫败。

与奥·吉弗通信

1955 年（昭和三十年）5 月，在纽约布鲁克林美术馆召开了第 18 届国际水彩画双年展，我提交了《马戏艺人的梦》《象》《雄蕊的哀愁》三件作品参展。当时美国著名的神秘主义画家肯尼斯·卡拉汉对我的评价很高，并把我的作品介绍给西雅图的佐伊·杜珊娜画廊的负责人杜珊娜夫人，后来我才得以在她的画廊举办第一个海外的个展。卡拉汉是我的贵人。

大约从这个时候，我开始与奥·吉弗通信，我寄给她两封信和一些水彩画。在 11 月 15 日寄出的信中大致是这么写的："我是一个从 13 岁就开始画画，至今已经画了 13 年的日本女画家。作为一个画家，我刚刚上路，路还很漫长。对我来说，您是非常遥远的存在。这条路应该怎么走下去，如果能承蒙您的指点，我将倍感荣幸。”

当时寄给她的水彩画一共14幅，其中包括《东洋的哀愁》《大海的夕阳花》《地上受苦的星》《深悲》《羊齿国王》《被抛弃的心》《麦田与彩虹》等。令我甚觉意外的是，奥・吉弗在12月4日就给我回信了：“在这个国家，作为一个画家维持生活是很困难的，在日本的情形又如何呢？我对你的国家的美术很感兴趣，很想去看看。不过日本对我来说真是一个遥远的国家。收到你的来信，我很高兴。”

对她来说，我只是一个住在遥远的异国他乡，无人问津的年轻外国人，真没想到她竟然如此用心给我回了信，而且更叫我吃惊的是，她把我寄去的水彩画拿给了艺术经纪人看。

一位是当时纽约最好的画廊经纪人玛莎・杰克逊（Martha Jackson），但我没能和她签下个展。她当时是推广行动绘画的核心人物，看到我的绘画与行动绘画的方向不一致，当下就否决了。另外一位伊迪丝・哈尔珀特则购买了一幅我的作品。

这是我后来才知道的事情，吉弗把用过的画以船运的方式寄回给我的时候，那艘船沉了。对此，一直到国际当代艺术中心（CICA）出面调查为止，我一概不知。有关记录在乔治娅・奥・吉弗基金会还有保存。

我还丢失过一些其他作品，但都不是意外或者偶然，而是我自己亲手销毁的。这件事发生在我正式决定去美国之后，当时我用一把柴刀把 100 号（约 162 厘米 ×130 厘米）左右的大型绘画全都砍碎了，然后全部扔掉，在家后面的河里焚烧了好几百幅。

这些画如果留在日本的话，我母亲会拿去送人，我讨厌她这么做。更何况我觉得只要去了纽约，就能创作出一堆比那时不知好多少倍的作品，所以全部烧掉也不后悔。当时的作品如果留到今天，价格一定会高涨，我大概烧掉了价值好几亿元的画。

1956 年（昭和三十一年）1 月，承蒙肯尼斯·卡拉汉和华盛顿大学的讲师乔治·茑川的帮助，我终于搞定了在西雅图的佐伊·杜珊娜画廊举办个展的方案，正式开始赴美的准备。

1957 年（昭和三十二年），从日本出发之前，我又写了一封信向奥·吉弗求助："我衷心期待纽约的艺术经纪人们能看到我的作品，虽然我画得不成熟，劳驾大家观看近乎不可能。不过，我还是期盼这样的机会出现，我是一个乐天派。我从很多年以前就一直希望自己的画能够得到纽约的评价，我把这当成努力的目标。但可惜的是我对纽约的美术界一无所知，如果不向周围的人请教，获得一些友善的建议的话，我大概永远也抵达不了纽约吧。您读我这封不知轻重的信，想必是很困扰的，但您真的是我最尊敬的人了。"

奥·吉弗又给我回信了，而且很细心。回信的时间是 8 月 18 日，她不但非常尊重我这个年轻艺术家的想法与意志，而且以平易近人的口吻给我忠告与建议："你要来纽约的这件事已经相当辛苦了，要是这些付出将来得到回报就好了。到了纽约，好好抱住你的画，拿给那些不看重名气，也许对你的画感兴趣的人看。你要想好哪种自我推销的方式最适合自己。对我来说，你不顾一切地想让纽约的人看到你的作品，真是奇妙无比，希望你获得成功。"

的确，从某种角度看我就像奥·吉弗所说的那样，为什么偏要离开日本，长途跋涉到纽约来呢？让别人觉得很奇妙也是没办法的事。而实际上，我如此坚决地要去纽约与我为何坚持艺术创作这个根本问题是不可分割的。

灵魂出窍的状态

我是在父母关系不好的时候出生的。从小到大，每天都被父母喋喋不休的争吵所困扰。幻觉或幻听让我产生了近乎强迫症一样的不安与恐惧。后来我开始哮喘、心律不齐、心悸亢进……天天遭受高血压与低血压的夹攻，脑贫血与脑出血每隔一天轮番袭来，令我错觉频生。

我被青春期无助的黑暗与心灵的创伤诱发出了精神与神经的病痛，但这恰恰就是我之所以能常年坚持艺术创作的最大动机。

怪物之心律不齐与心悸亢进

心律不齐　令人毛骨悚然的波动

突然发作的时候　连全身的血液都能听到
重足累息的地狱发出悲鸣
这到底是什么声音
总是这个声音　与心律不齐抗争
扭打成一团　纵身跳进悬崖
血液逆流　心悸沸腾
犹如天灵盖被炸开的瞬间
不安的冲击 尽显其中
我的心　秩序的妄念之海
坠落　脚底朝天
我被血液的幻觉淹没致死
心律不齐啊
心悸炙热的海啊
从我小时　你们就要偷袭我
花上几千年的时光
说呀　为什么怪物
生涯的岁月
不知不觉中为何乱成一团

如果我生前就知道这盘棋
这条命还有什么可享受的吗
我奉还自己　回位到子宫
我想返回去　我恨

未来的痛苦漫无边际
我无法选择生与死
大人们必定是交欢失败
我不过是不请自来
作为这世上的客人
我没有人的觉悟
也没有任何了不起的天赋
我的出生只是给人添加烦恼

死了　父亲
接下来浴血的不安
让我想跟他一起前往冥界
怪物　不明实物
心怀焦躁不安
但我不愿踏上生命的台阶
血液一眼望不到边　很恐怖

进入幻觉状态之后　究竟还有多少所想与爱
哪怕眼前被治愈　远方仍然是迷惑不解的海
延伸到世界的尽头
究竟该怎么游过去呢　我无从可知

精神与神经问题的根源是“离人症”，这让我很痛苦。我经常把自己紧紧围在条纹窗帘之中，囚禁自己，灵魂从身体里被逼走。这样一来，即便是在院子里摘花，也没有任何感觉，走路犹如腾云驾雾一样，毫无现实感。

在这种灵魂出窍的感觉之中，我连时间的概念都丧失了，一秒钟就跟好几十个小时一样。结果整天什么都干不了，只能茫然自失，或者龟缩一隅。

隔离布幕的囚犯

对那些远去的景色　我不愿流连忘返
让景色消失而去　直到天崩地裂
揭开条纹的窗帘　忧郁出门　胸毛
抓起一把满地贫瘠的红土
擦过受伤的洞
拨开黄昏　回到布幕之中
寂寞飘浮于空中　风卷残云
我的心在离人布幕内外徘徊不定
不安是一只粗糙的手上撕裂的皮肤
病得像锦缎布幕一样沉重　像胸毛
影子　白色　躲入暗处　鸟的气球很轻
泪如棉　一滴滴　纠缠不清
湿了　溜过柔软的肌肤空隙
抛弃今天　如果能站到离人布幕之中

就能召唤回去年的足迹与感触

把伤痛掷向天际

让我长出狂野的羽毛

回归大地

让我把故乡怀抱于灯下

回归大地

把爱的形象高高举起

回归大地

让我摆脱离人布幕

回归大地

男人们不要弄伤胸毛

回归大地

诸君落魄的坟墓已在愤怒而孤高的天空上

有所追求时　仰望天空

对准某一角落呼喊　荒诞虚妄的天空

为什么　为什么　为什么

如果坐在露台上　距离会变得更远

傍晚走在小路上　树木飘浮于半空中

站稳的瞬间　城镇就会颠倒

滚开　崩溃　毁灭

在神乐坂的陡坡上抓住肢体　虚无缥缈

囚禁的超级魔掌迎面袭来

嘈杂的人声　远去

四周的物感与重量　随之而散
扭曲　对死角透视的恐惧
地平线的质感　烟消云散
乳色　灰色　漆黑的天青
汗流浃背　世界都在震撼
地表蠕动　山崩地裂
遮掩了愚昧无知的都市
大自然的泥土　降落在我们的怒发上
山河已被填满血红色的秋海棠
阳光普照山野　斑驳陆离
倚倒在河岸　松柏的枯枝头
岩石的锐角擦伤膝盖　紫露草在发抖
回归故土
蔷薇刺腐烂到底
凤仙花　百日草　翠菊　以泪洗面
砸碎　在石头上燃尽
我们把脆弱的花搅拌成灰
周而复始
脆弱的花灰　从头再燃
如果把我遗忘　远离人烟
日暮　孤独　恐惧
此生只能是一片苦海　无边无际
形如尘埃　漂泊无依

啊　我们　耗尽了人生的大半
肢体　血脉的疲劳
褪色的头发　变成了枯萎的灰色
它的灰色比花粉还脆弱
裹藏于乳白色的布幕之中
现在　森罗万物正在逃离
一呼百应的巨大引力
把我硬拖出来
发自阴间的无声如果是一条线
行将消失的全部肢体会在风中飘逸
掀开天空的布幕　如此单纯
无须言说　一切都被粉碎　进而消散灭迹
天空明天依然湛蓝
依然柔软
即使我们消亡回归于无
在好几亿光年之后　依然存在

所谓“离人症”，学名叫“人格解体障碍”，是一种知觉障碍，专指人格丧失体验的现象。当现实让人极度痛苦的时候，为了消除这种现实，人类与生俱来就拥有一种自我防御的机制，而这一机制是会引发这种病症的。总之，这种病症一旦发作，其痛苦比现实的痛苦还要剧烈。当失去了自己、世界和时间，乃至让所有存在都变成零的时候，现实的地狱反而变得没那么糟糕。

自由奔赴广阔的世界

对于每天与苦闷、不安和恐惧搏斗的我来说，坚持艺术创作是让我从病症中康复的唯一手段。我一边沿着艺术这一根丝线爬行，一边勉强摸索着自己的生存之路。如果没有艺术，我早就不能忍受周围的环境而跑去自杀了。现在回想起来，我有好几次都想自杀——站在铁轨旁边，等着中央线的火车开过来。艺术指引了我起步探索的方向。是艺术救了我。

我要沿着艺术之路走下去，并且要让这条路开花结果。但待在日本是绝对没有希望的。在这里，有父母，有家，有土地，有陈规陋习，有偏见。我的艺术是在“人究竟是什么”这个攸关生死的主题上的搏斗。对于我所坚持的艺术来说，这个国家太小、太庸俗、太封建，到处都充满着对女性的轻蔑。我的艺术需要的是没有束缚的自由和无限广阔的世界。

哀愁至此

心绪如此低沉
如果没有信浓路阳光下的红叶
我唯有忧郁　终日不得缓解
这全是缘于我生于此世
前世我是何等怪物
清晨　心灰意冷　想悬梁自尽
傍晚　又想卧轨自杀
天地昏暗无光　铁路浮现于原野
徘徊不前　独步踏上铁轨
没有眷恋　没有意识　没有愿望
只有瞻前顾后的赴死之心
四周无葬身之地
呜呼　我累　犹如讨饭之人
屈身于道边　呕心吐胆
苍颜白发　蓬头垢面　背曲腰弯
即便被衰老所逼无奈　亦冷眼以对
同生共死　我要出发去宇宙

1957 年（昭和三十二年）11 月 18 日是我赴美的前一天，松本市的市长为我召开了盛大的欢送会。欢送会闹哄哄的，那一天我过得手忙脚乱。出发的当天，松本车站也来了一大批为我送行的人，而我的心早已飞向美国。

爱与和平——
前卫演出的幕后推手

第三章

1967—1974

身处嬉皮士旋风之中

已经去到美国10年。这段时间，我从画家变成了环境雕塑家，发展得很快，并且取得了很多成就。在美国的前卫画坛，不，甚至在全世界的前卫画坛上，草间弥生已被大众称颂，但只有日本对我依然冷淡。

这段时期我又面目一新了。不局限于美术界，而是在更大范围的活动中变身为表达自我的艺术家。这些表现活动的起点就是偶发艺术（Happening Art）[1]。从1967年（昭和四十二年）开始，我策划了大批的偶发艺术。

当时，纽约的格林尼治村已经诞生了嬉皮士，由他们掀起的“嬉皮士旋风”所向披靡。他们的时尚理念、思想和行为都是超级前卫的，犹如在预言即将来临的未来景象。不必多说，嬉皮士们反对以电脑为象征的美国机械文明，他们是一个响应共同主张的青年群体，希望找回被异化的人性。

这些人一开始只是一个非常小的群体，到了 1967 年之后才变成一个巨大的团体。主张“回归自然”的他们最早将想法表现在服饰、举止上，紧接着在性的层面上越发激进。女生们主张通过性回归人性，要从吃避孕药以及怀孕的禁忌之中得到解放。不仅如此，在这群人当中，所有奇异的性行为泛滥成灾。

这些方兴未艾的嬉皮士、性派对，与我的偶发艺术也有关联。我大胆的偶发艺术得到了嬉皮士们的狂热支持，这是因为他们所主张的回归人性、带给人类冲击与我的艺术主张有互通之处。

越战和政治，乃至偌大的美国所暗藏的多种族国家之悲剧，各种因素交互作用，迫使美国国内有关回归人性的呼声日益浩大。嬉皮士的艺术创作，包括饰品与服装，变成了美国年轻人的时尚主流。在政治方面，他们反战、逃避兵役、支持麦卡锡主义，他们推广的大众行动几乎动摇了整个美国社会。

当年 1 月，我在美国著名的宗教殿堂上演了一场名曰《人体彩绘盛典》的偶发艺术。表演者全是年轻的男女嬉皮士，他们在众目睽睽之下全裸，火烧 60 面星条旗，然后在烟熏火燎时，我把

《圣经》与征兵卡扔进了火焰之中。

全部结束之后，他们全裸着互拥、热吻，有的人当场开始交媾。当天正好是周日，教堂里正在举行庄严的弥撒，围观我们偶发艺术的观众起先发出了媚笑、悲鸣，乃至怒吼，最后开始大声叫喊：“这不是在冒渎吗？”“这么烂的东西，完全看不下去！”尽管如此，所有观众都如醉如痴，一步也不离开。

美联社、合众国际社、《纽约时报》的记者把我团团围住。还有40多名警察也赶到，把我们准备好的偶发艺术彻底捣毁了。

我的名字因此传遍了美国，常驻纽约的联邦德国电视台的工作人员看到关于《草间·偶发》的新闻后给我打来电话，希望把这个活动介绍到联邦德国。我答应了他，并且打算制作一件崭新的作品，以《无限的爱》环境雕塑为核心，策划新的偶发艺术。

巨大房间的四周都装设了镜子，从天花板上照下的五彩灯闪闪发光。在这样的光线下，我安排了一个动态雕塑，让两名男子交媾。

我的工作室聚集了40多位记者，照明全部打开，联邦德国的电视摄制组开始了拍摄。所有的人都屏住呼吸。生猛而健壮的肉体在灯光下纠缠不清，对于已被既定道德观念束缚的观众而言，这是一道异样的风景，在怪异的氛围中，观众被深深吸引。

观看的人群和上演的人群逐渐合二为一，工作室内弥漫着无法用语言形容的迷幻的感觉。尽管还有好几位女记者在场，但她们也全都很兴奋，目光炯炯。在男观众当中，有人发出露骨的呻吟声。

舞台上有人用皮带互相抽打，偶发艺术即将到达高潮，大家在对方身体上画起波点图案。这个波点图案就是《草间・偶发》的品牌商标。红黄绿的波点是圆地球也好，圆太阳也好，还是圆月亮也罢，总之无论怎么理解都可以。至于形式与意义是无所谓的。通过把波点画到人体上，可以让人自我消融，回归宇宙。

如此一来，《草间・偶发》的名声越来越大，粉丝络绎不绝。媒体也沸腾了，一直追问我什么时候再办。总之，观众很狂热地支持我的行动。这都是因为时代有这样的需求，而我只不过是走在了时代的尖端而已。

1. 偶发艺术：兴盛于20世纪60年代的一个艺术流派，注重随机性和即兴发挥，让观众成为作品的一部分。

纽约的性环境

美国是这些活动的发生地，这片土壤孕育了这样的文化，而当时的纽约性环境究竟如何呢？当时，纽约东部的圣马可广场附近是地下文化的源头，也是“垮掉的一代”和嬉皮士聚集的大本营。

为了追求嬉皮士，有钱的好色绅士都到这里来。还出现了专门为他们拉皮条的人，专门介绍十六七岁的嬉皮士少女，并和他们讲价谈条件。此外，还有白人女性也到这里来追求黑人。在她们之中有一个传说，据称“但凡是黑人猛男，技巧都很棒”。在美国既成的社会上，本来对黑人就有很多偏见，更有一股“黑人爱玩”的根深蒂固的恶语风潮。

另一方面，性派对十分盛行，皇宫酒店附近好像每天晚上都有类似的派对。在有些场合，好莱坞的男明星和女明星也经常露面。

然而，这类颓废与享乐活动同时也助长了危险的性病蔓延。这些男女中百分之九十以上都感染过性病，更何况一个晚上要跟两个到五个人性交，其蔓延的程度十分可怕。

还有，对这些人而言，服用 LSD（一种半人工致幻剂）是习以为常的。我的朋友利奇一遇到从乡下来的嬉皮士少年和嬉皮士少女就会上前搭讪，问他们："买不买最新的 LSD？"推销价是 5 美元。其实他卖的只是普通的阿司匹林，但他自己毫不在乎。即使有人在性交中并没有出现幻觉，埋怨他"你卖的药太差劲了，完全没有效果啊"，他也若无其事，并且指责对方："真的吗？因为这药跟你的体质不搭吧！"

我还有个朋友道格和七个男生一起住，他们都是同性恋。住房是中下流水平，房租是 180 美元，包括伙食费在内，大家均摊。这帮人是我的表演团队，他们每天晚上都轮流性爱。

"今晚我跟罗伯特睡！""那我跟道格好了。"他们就这样共享彼此，表现得十分友爱。

有时候到这个住房里来的还有男同演员和实业家，目的当然是男同性派对。在他们的周围还有一群女同簇拥着。

男同与女同彼此共存。男人绝对不跟女人性爱，女人也不追求男人，她们与男人玩得很快乐，但始终是无性的。大概是怕怀孕才这么做的吧。

“怎么样？今晚要不要一起？”“好啊，搞得火热一些吧！”那天晚上，男同与女同在耀眼的照明灯下激烈爱抚与缠绵，上演了一场奇妙的性爱祭典。

男同的派对大致上都是在周末举办的。我周围的男人都喜欢男人，男同助手、男同经纪人、男同摄影师……还有，只要我一策划偶发艺术，聚集一堂的记者大都也是男同。

我有一个舞蹈团，名叫“草间舞蹈队”，他们全是美少年，年龄从 16 岁到 20 岁，当然也都是男同。我让他们住到我位于纽约东部的工作室内的一个房间里。

他们有时会带好几个少年进屋，教他们性爱入门，并以温柔的口吻说：“来，脱下衣服，躺好……”

少年们就是这么被培养起来的，他们与年长的对象同居。类似的例子还有很多。我作为一个旁观者感觉很奇异，但这些男同的行为几乎遍布整个美国。在纽约的哥伦比亚大学，同性恋俱乐部是以社团的名义成立的，校方对此假装没看见。

难道美国只有同性恋没有异性恋吗？自然不是。华丽无比、艳紫妖红的男女性派对也已经遍地开花。

曼哈顿第五大道是纽约的心脏地带，世界著名的广场饭店以及上流社会人士爱住的皮埃尔酒店，还有这些豪华酒店周围的高级公寓都变成了派对据点。

纽约的上流社会人士虽然住的是公寓，但规格与日本的社区公寓截然不同，随处可见一户有 15 个房间的豪华公寓，室内装饰是绚丽的阿拉伯风格，让人感叹王公贵族也不过如此。

在好莱坞的著名男女演员当中，有很多人都在这一地带购置了房产。女明星 S 曾经去过日本，她在性方面很活跃，有时暗地里会参加 K 老板的派对，这位老板白手起家，创造了巨额财富。

S 的目标是在百老汇吹萨克斯管的一位黑人乐手。我亲眼看过很多次他们一起行动，她和这位音乐家放荡不羁。此外，我当场还见过好几位著名的男演员沉浸于同性恋行为之中。

在这类派对上谈什么理性啊、道德啊实在是腐朽。因为在这样的场合，只有人类最原始的欲望。

有一次，某国 48 名贵族组成的旅游团抵达美国，参加了纽约麦迪逊大道著名的帕克-贝尼特画廊（Parke-Bernet Galleries）的拍卖会。当时我也在场，拍卖纪念派对正在进行的时候，有一位贵族在我耳边悄悄说："据说纽约有人体彩绘派对，我很想参加，你能招待我吗？"从表面上看，这些夫人很有教养，温文尔雅，殊不知内心却对这类事情兴趣盎然。不用我说，当天晚上她们已经人人沉醉了。

当然，性派对并不仅仅属于这些上流社会，黑人社区举办的派对简直可以称之为"技惊四座"。发出黑光的肌肤在异样的气味中缠绵交织，看到他们近乎动物般的性技巧，连我这个天不怕地不怕的人都倒吸了一口凉气。

纽约某报社的社会记者 P 和我说，他手上有顶级美女，专门介绍给上流社会的绅士们。由于职业的关系，P 的周围云集了一批有名或无名的模特和女演员，她们是为了出名什么事都能干出来的一类人。

P 在有名的企业家和有钱的旅行者之间为这些女人斡旋，他吹牛说，无论何时都能立刻招来 30 个女人。

基于裸体的创作行为

如果要举例的话，我这里有海量的故事，说是说不完的。在纽约，有五花八门的机构专门提供性服务，而掌控这些行业的人都是嬉皮士。我的《草间·偶发》之所以能受到如此欢迎，恰恰是因为有了这样的土壤，弄得我本人就像集嬉皮士崇拜于一身一样。

关于《草间·偶发》，以纽约为中心的美国媒体使用了各式各样的形容词，类似“猛烈”“神秘”“全能的所有者”等。他们任意揣测我个人的生活，写出了一大堆有关《草间·偶发》的报道。

这些报道和“草间”概念，有的是属实的，但也有误解与臆造，他们把这些东西混搭到一起，最终将“草间弥生”打造成了一个极度难以理解的存在。虽然我有时也弄不清自己，但还不至于到神秘的地步。不过的确，我的偶发艺术每次都犯法，能犯 10 条到 15 条。但这些法律条文全是死板的概念，与我的艺术毫无瓜葛。

当众发生性行为、烧星条旗这些事情，如果要说严重，那的确也是很严重的。不过这种解读本身就很刻板。我去的地方虽然一定会有警察跟来，但我始终保持一如往常的平静。我有五六位律师顾问，这是因为我一直考虑在法律与艺术之间做出妥协。

另外，我的身边经常会有一大群嬉皮士保镖。工作室经常收到抗议和恐吓电话，以防万一，这群嬉皮士近卫军保护我免遭暴力攻击。

也许是因为这样，有些媒体把我说成是“嬉皮士女王”，还有不少人确信我是一个跟谁都能睡觉的女人。然而就我个人而言，我是有意识地与圈子里的人划清界限的。他们叫我“Sister”，是修女的意思，非男非女。

从少女时期到青春期的成长环境也许是我的“性嫌恶症”的根源。我讨厌男人的性特征，女人的也讨厌，两者都是我恐惧的对象。因此，我不间断地制作自己嫌弃的、讨厌的，乃至恐惧的东西，然后超越它们。这是我的艺术表达，我用这样的办法创造一个崭新的自我。这就是我所谓的“心身艺术”。

因此，在《草间·偶发》里面，男女全是一丝不挂的，我用颜料在他们身上画画。我扮演其中的一个角色只是为了创作这样的作品，绝对不越雷池一步。这就是我的表达方式。

当时的“草间舞蹈队”有 15 位干部，还有经常聚集到一起的 200 多位嬉皮士演员。无论什么时候，只要我一有偶发艺术，这群人就都会来报到。在他们当中，有人色眯眯地问我：“Sister，为什么不跟我一起睡觉？”还有的人因为洗到我的内衣而欢欣雀跃。然而无论是谁，我绝对不跟他们发生关系。

可是，只要我对某一个特定人物亲热一点，他们当即就会动用私刑。“这家伙向 Sister 献媚讨好，就是为了得到夸奖。”“他要独占，窃为己有。”

这个情况往往会闹得非常严重，他们会喘着大气，把对方身上的衣服全部扒光，然后用皮鞭抽打，用脚踹。在这群人当中，有人专好这口，希望我能给予他们严厉的惩罚。

由于当时的情况是这样，所以只要有人访问我的工作室，少年们就会紧盯住客人，谨防有人对我动手，他们不放过客人的一举一动。

通过这些少年还有女人，我一个接一个地推出了演出，在裸体上画波点图案的《自我消融》以及用人体彩绘画出的《身体庆典》（*Body Festival*），在全美引发了热议。我也变成了话题人物，一年之内两次登上《每日新闻》的头版，这是连百老汇的女演员都很难登上去的。

我的偶发艺术是根据人的裸体而创作的，其原点也许是我的少女时代。当时我喜欢爬树，一天到晚跟个疯丫头一样。在家里待着的时候，又变成了一个只管画画的少女。

那时一到暑假我就去亲戚家住。晚上，我和阿婆、表兄妹们聚集到房间的角落一起跳裸舞。不用说，我当然是全裸的。

我给自己写的诗加上了乱七八糟的旋律，双手挥舞着黄扇子，一副张牙舞爪的样子。大家开始起哄，夸我跳得好。可是一到下半夜大家就都累倒了，有的人已经打起了呼噜，而我却一个劲儿地叫他们："我还有个表演啊，再来看一看吧！"我把他们折腾得够呛。

我的裸舞很快就在邻居的男生之间变成热门话题，很多人都要求："让我看看，让我看看你的裸舞！"我让表亲当我的经纪人收取了“观赏费”，然后在院子里的草席上跟着自编自唱的曲子翩翩起舞。男孩子们欣喜若狂，全都聚集到我的周围，以一种非常祥和的表情观赏我的表演。当时我深切地感受到了男人是多么渴望看见女人的裸体啊。

实际上，这个体验与另一个痛苦的记忆是联结在一起的。那就是我母亲知道这件事之后，把我打得死去活来。说起儿时对母亲的记忆，都是她从早到晚如何骂我和打我。母亲在用人和帮忙的阿姨面前说：“生了四个孩子，有一个必定是垃圾。”她说这话时若无其事的，就跟平常一样。

母亲一年 365 天没有一天不和父亲吵架，原因永远是作为倒插门的父亲老跟艺伎鬼混，再者就是总与情人形影不离。父亲甚至还为艺伎赎身，扔掉我们信州的家人跑到东京去。后来他得了肺炎，就从东京回来了。接下来的 10 年都是我母亲照顾他，病好之后又迷恋上情人，而且比以前更疯狂。

我家两代男人一天到晚都在玩女人，祖父与父亲相互攀比，比谁玩得更高明。男人是自由性爱的实践者，而且还是无条件的。女人只能在背后忍耐到底。看到这样的情形，对孩子的内心来说，生出的唯有强烈的愤怒与反叛。“让如此的不公平存在，合理吗？”这件事对我的思想形成产生了重大影响。

我对人类的裸体，尤其是对男女的性器官极度厌恶甚至恨之入骨。这可以说是发源于我少女时代的这些体验。

小时候，我喜欢用剪刀和刮胡刀把和服、纸张和书籍剪得粉碎，因此常被母亲训斥。另外我还喜欢用石头和铁锤子砸玻璃和镜子。现在回想起来，这些都是我对爱和关注如饥似渴的一种表达吧。

有一段时期，我喜欢把鲜花的头剪断，然后扔到事先偷偷挖好的洞穴里，这样收集了好几百朵，觉得很好玩。我在四开的纸上画了开得十分饱满的花，花瓣看上去总像女人的性器官，而在花瓣中心所画出的点又像男人的性器官。

每次一被母亲追打，我就逃到厕所里把门锁上，天下就没有比这里更安全的地方了。在厕所里我一直在画画，画那些形似性器官的花瓣。

被狗吃掉的变形阴户、沾上了猫屎的滴滴答答的阳具……这些画一律被我称为“厕所艺术”。

后来我在东京的求龙堂画廊办个展的时候，作家川端康成购买的《不知火》《雄蕊的哀愁》等幻想作品，其实就是我在少女时代躲进厕所里画的怪画的一部分。

我从很小的时候就很厌恶性行为，简直到了恨之入骨的地步，这种感觉一直发展到创作《草间·偶发》的时候，可以说是我艺术创作的原动力。

在欧洲各地举行人体彩绘活动

我的偶发艺术是在纽约点燃的，不仅在美国出现了我的追随者，在海外也蔓延开来。1967 年 10 月，我去了荷兰，在阿姆斯特丹的个展开幕式上，用荧光颜料在全裸男女身上绘画，进行了大胆的演出。关掉灯之后，荧光颜料顿时从黑暗中浮现出来。

等到我们一行人脱下衣服时，集聚到会场的众人开始大声批判，骚动骤起。我当场宣讲压抑性爱会诱发战争，反问众人："战争与性自由，哪个好？你难道会觉得战争好吗？"会场顿时安静下来。对保守倾向强的荷兰人来说，有很多人因为我的访问才对性自由产生关注。不过，为我们提供场地的教会主管也因此被革职了。

接下来，在美丽的古都代尔夫特，历史悠久的天主教学生会馆成了我的偶发艺术的会场。在这个被命名为《音乐与爱》的演出中，我让交响乐团的演奏者全裸，然后又建议为了欢迎我而聚集到此的作家、画家、记者们全都脱光。最终除了几位四处逃窜的美术馆馆员之外，大多数人和我们一样一丝不挂。

大家吸大麻，狂跳 Go-go 舞（20 世纪 60 年代流行的艳舞），喧闹到天明。我穿梭在人群之中，在大家的身体上画满了红、蓝、黄的波点。

早上 5 点左右，当警察破门而入时，大家为了性交差不多都已经进到了房间里。当时的情景通过电视转播传遍了荷兰，甚至连比利时和联邦德国也播出了。警察封锁了举办偶发艺术的学生会馆，参加全裸演奏的音乐家们也被吊销了营业执照。对此，前卫艺术家们振臂高呼："全裸怎么了？""荷兰太保守了！"一场抗议活动就这样开始了，这也是理所当然。

接着，我在鹿特丹美术馆又进行了一场偶发艺术，名曰《爱与裸体的反战游行》。我在美术馆一个教堂内的讲台上呼喊："让我们开始人体彩绘吧！"

这时有人大喊："警察来了！"同时也有人喊："别怕，画下去！"整个会场就像被捅的马蜂窝一样乱作一团。我爬到基督教的祭坛上对所有在场的人大喊："荷兰的观众们！我们每一个人只有一次人生，只有一个身体。可是我们的历史却因不断的战争而对爱与美肆意践踏。在这里给大家看的人体不会被任何炸弹与枪炮损坏，他们展现的是人类与生俱来的美丽的生命的尊严……"

再后来，我在比利时和联邦德国也进行了同样的偶发艺术。高喊"上啊，上啊"的观众与高喊"住手"的警察相互对峙，每次都是如此。

这样的表演活动不知进行了多少次，可我总能从警察的手里逃出来。不过，在纽约我也有被抓进去的经历。当我被关进拘留所的时候，警察带来了一个貌似他朋友的电梯服务生跟我说："草间，草间，你醒一下，他是我的朋友，想跟你握个手。"

还有很多其他警察也过来看我，说："这就是草间啊！个子这么小。"也许是因为他们老抓不到我，所以才这么在意的吧。有的警察还很亲切，我肚子饿了，半夜两点问能否帮我买个蛋糕和咖啡，结果很帅的警察特意帮我买了回来。

当时"裸体彩绘的草间"这个称号已经广为人知，所以经常听到有人在其他监号里喊："什么时候还有裸体彩绘啊？让我也参加吧。"比较幸运的是，警察知道我有人气，所以把我当成了一回事，从没对我不好过。

为了偶发艺术，我制作了宣传单和说明文，上面的口号是这样的：

取悦你的身体

一半是幻影，一半是现实

学习、忘却、再学习

身体是艺术

同样是在这一年，我自编自导了电影《草间的自我消融》。这部电影以我在纽约的一个城镇伍德斯托克的马身上、原野上和池塘里画波点开始（池塘是用蘸上颜料的笔刷在水上刷着画），一直拍到工作室制作人体彩绘等偶发艺术，内容非常丰富。

这部作品在 1968 年（昭和四十三年）第四届比利时国际短片电影节上首映，然后在第二届美国安娜堡电影节和第二届马里兰电影节上获了奖。从 1968 年 1 月起，在全美各地的迪厅、体育馆和棕榈花园等地以 2 美元的票价开始上映，引发了很大的话题。

1968 年，美国出现了大批的人体彩绘，这个时候的偶发艺术已经不单单是一个表演，而是表达反战以及对政治的批评，有着很强烈的时代背景。

偶发艺术不仅是数量增加了，内容也覆盖了更大范围，品质更高，且具备很强的凝聚力。我当时的表演大致可以分成三类。

第一类即所谓的“艺术类”。第二类是“社会类”。这一年正当反战运动方兴未艾，加之美国总统大选，整年都是动荡不安的。我从个人对社会以及时局的关注出发举办的偶发艺术是“社会类”的。第三类与时尚和音乐剧有关，也与我后来陆续成立的演艺公司有关，或许可以称之为“商业类”的偶发。

当然，实际的偶发艺术多多少少都会包含上述三个类型的要素。

毋庸赘述，我并不只做偶发艺术，还在美国与欧洲各地举办个展，同时也积极参加一些联展。

如果从当年我的诸多偶发艺术当中举出几个典型例子的话，大致如下。

2 月，在纽约华尔街的教会举办了名为“人体彩绘节”的反战示威活动，当时被人检举了，还上法庭接受了判决。

7 月到 11 月，在各种不同的场地连续举办了一个新系列偶发艺术，名字叫《人体炸裂》。

7 月的一个活动是在华尔街纽约证券交易所对面的美国国税局的华盛顿铜像前举行的，由 4 名职业舞者表演了《反纳税》的偶发艺术。4 名男女全裸，身上被喷上波点图案，围着铜像翩翩起舞。不过因为警察的干涉，活动没几分钟就被叫停了。

我当时的口号是：“裸体无须花钱，衣服则要付费。忘了你自己吧，回归自然。放弃自我，超越永恒。让我用波点把你的身体包起来。自我消融才是唯一的解脱。”

《每日新闻》为了这次活动刊登出来的报道标题是《在华尔街大跳裸舞，警方束手无策》。

7月，我在自由女神像前面又举办了一次。当时的宣传单上是这么写的："脱掉你的衣服吧，重获自由！裸体无须花钱，衣服则要付费。财产要钱、税金要钱、股票要钱。勒紧你的裤腰带！扔掉你的裤腰带！让裤子保持下坠的状态。忘了你自己吧，回归自然。用波点的颜料把自己消融掉！"

8月，我在纽约中央公园的爱丽丝梦游仙境铜像前举办了偶发艺术，当时的口号是："我，草间本人，与裸体舞者们是一群疯子，跟我一起到中央公园做一次小旅行怎么样？一起走到爱丽丝铜像的神奇蘑菇前。爱丽丝是嬉皮士的祖先，在情绪低落时，喝啤酒喝得飘飘然的就是爱丽丝。我是现代的爱丽丝。犹如穿透了镜子的爱丽丝一样，我，草间（在著名的特制镜屋里住了很多年），可以打开通往仙境与自由世界的大门，你也可以参加这场生命探险之舞！"

9月，在纽约联合国大厦前举办了偶发艺术，焚烧了50面星条旗。

10月，在纽约华尔街举行了裸体示威，并印制了这样的宣传单："股票是假货/股票与蓝领无缘/股票是资本家的诈骗术/不要再

玩这套游戏了 / 靠股票积累的财富让战争得以持续 / 我们抗议残暴贪婪与引发战争的股票买卖 / 烧掉股票吧……把华尔街也烧掉吧 / 华尔街做股票的人改行去当农夫和渔民吧 / 股票交易所的生意人马上停止诈骗吧 / 用波点图案抹杀华尔街证券交易人 / 用波点图案抹杀裸体的华尔街 / 加入我们吧，成为伙伴……裸、裸、全裸吧！”

11 月，活动是在纽约选举委员会前举办的，并发表了《致尼克松的公开质询信》：“地球犹如数百万个天体中的一个波点，而在和平与寂静的天体当中，唯有地球充满了憎恨与斗争。请和大家、和我一起改变这一切，创造新世界，打造一个伊甸园。亲爱的理查德 · 尼克松，让我们忘却自己，与神一体！让我们保持全裸的状态合为一体，就像在高空展翅一样，相互在身上画满波点。在无始无终的永恒之中消融自己，这样你才能发现并揭示以暴制暴无能的真相。”

同样在 11 月，我在纽约沃克街的一幢租赁大楼里举办了一场名为《同性恋婚礼》（*Homosexual Wedding*）的偶发艺术，具体地点是这幢大楼里宽敞明亮的“自我消融教会”。婚礼请帖与宣传文上都说明了这个仪式将由“波点大祭司”草间本人主持，并附上以下的文字：“这次婚礼的目的是希望至今为止完全见不得人的秘密能够公布于众……当今社会，应该是爱与自由的社会。不过，只有让爱从社会的性压抑中解放出来，我们才能获得真正的爱与自由。”

在这次婚礼中，有一对男同伴侣穿的是我设计的婚纱，这套婚纱变成了我随后创作的很多男女兼用的“自然服装”的先驱。

从另类时装到音乐剧

为了把活动开展得更广，我在这一年（1968年）到第二年之间成立了许多公司。从业务的角度上说，大致可以分成以下四大类。

第一类是为了策划与执行各种偶发艺术和音乐剧而成立的企业——草间企业、草间波点教堂、草间音乐制作公司等。

第二类是为了开展时装方面的工作而成立的草间时装公司，制作与销售草间时装与各种纺织品。我给工厂投资了5万美元，量产"草间时装"，并在纽约一流的百货公司布鲁明戴尔开设了草间专柜，在全美400多家百货店和精品店销售商品。

能装进25人的宴会礼服是2000美元，露臀的同性恋礼服是15

美元，露臂低胸的晚礼服最贵的是 1200 美元。另外，上流社会的贵妇们还定制了很多同款的透明礼服。1969 年 4 月，我在纽约第六大道和第八大道的路口开设了时装精品店。服装全部由我亲自设计，包括服装所搭配的波点图案在内。

第三类与电影有关。我成立了草间国际影视公司，以邮购的方式销售和偶发艺术活动相关的影片。另外还制作了我导演的电影《花的狂欢》（*Flower Orgy*）和《同性恋狂欢》（*Homesexual Orgy*），并在全美各地上映，进而到世界各地的美术馆公开放映。

第四类是为一些其他的策划设立的人体彩绘工作室，提供人体模特，还成立了同性爱社交俱乐部 KOK。所谓 KOK，由草间（Kusama）、同性爱（Omophile[1]）、公司（我把公司 Company 的首字母改成了 K）的首字母组成。

这一年，我在人气电视节目《约翰尼·卡森今夜秀》和《艾伦·伯克秀》上表演了人体彩绘偶发艺术，当时带了 3 名女性和 1 名男性裸体模特进入了演播室。

12 月，我在能容纳 4000 人的纽约菲尔莫东剧院举办了一场裸体彩绘的音乐剧。剧名是《草间歌剧之自我消融》（*Kusama Self Obliteration Opera*）。剧里有一首歌是这么写的：

醉酒之神

在幻觉抵达精囊前
即使被郁闷缠身致死
我依然悠然自得
但心思万变　忙上加忙
我的阳具无法释怀
卵巢一直在休眠
午后的情爱只会让人困倦
当我忘却时　精子却姗姗来迟
露脸　从恶魔的洞穴里
不会遗忘　大声叫喊
跑来寒暄　重演一场历史
　　男人爱男人
　　女人就爱女人吧
　　（反复唱）

齿轮错开了吧
谁都说交尾是受累
爱与死只能一人承受
据说这已被人忘却
天堂的水干枯了
时过境迁　重访时
分明是爱意四射

却说算了吧　罢休了
脖颈上的青筋全是带血的精管
所以　男人爱男人
　　　女人就爱女人吧
　　　（反复唱）

阳具海绵体在火海里奔腾咆哮
龟头卑贱的神经太烦人
精子老是迎面袭来
唉　在恋情最热烈的时刻
阴户之夜　怒从心生
撕裂斯塔滕岛上
自由女神的内裤
即使抱怨是不是太恶狠狠
花束从一开始就不是给情侣看的
所以　男人爱男人
　　　女人就爱女人吧
　　　（反复唱）

神明如果下凡
银粉便会漫天飞扬
下流的男女性欲横流　做爱
却被干冰戳住

令头脑清醒的公共马车
地球发疯般失速
以为未来还有几亿年的繁荣
把蛇大卸八块
女人的子宫是地狱的入口
所以　男人爱男人
　　　女人就爱女人吧
　　　（反复唱）

一系列的活动在美国创下了实实在在的业绩，媒体对我也做出了正面的报道与评价，但从隔海相望的日本传来的消息却是我被冠以“裸体偶发女王”“国耻女王”之名，充满了误解与偏见。对我来说，偶发是一种艺术，也是一种思想，可在日本却被说成是丑闻。我与家人的关系也因此破裂。父亲曾设法瞒过反对我的母亲，坚持定期给我寄钱。可从这件事之后，家里人就再也不给我寄钱了。

1. Omophile：应该是“Homophile”，可能是草间弥生拼写错误。

创建人体彩绘集团

然而，我并没有被这些误解与偏见击败，反倒更加拓展了艺术与思想的版图。通过各种公司所开展的活动，已经可以打造一个名叫“人体彩绘”的公司集团了。

从部门分类来看，首先是“裸体摄影棚”，但这与在日本有的同名店不一样。我经营的裸体摄影棚不是为了作秀，而是为了让客人实际参与人体彩绘。

模特代替画布，当然是一丝不挂。即便客人不想往人体上画，也可以尽情欣赏她们美丽的肢体，直到心满意足为止。另外，客人也可以全裸，与模特相互在对方的身体上绘画。

如果只有女性全裸，费用是 1 小时 18 美元，30 分钟 10 美元；如果是客人也脱光，相互彩绘的话，1 小时 25 美元，30 分钟 15 美元。我的工作室云集了 30 多位嬉皮士出身的美女模特，在纽约是规模最大的一家。

接下来就是名曰“KOK”的同性爱社交俱乐部。在这里，同性爱的男性爱好者可以加入会员，自由享受“恋爱”的乐趣。媒体对此做出高度评价，称之为“划时代的同性恋团体”，还特意送给我这样的称谓——君临 400 多位男会员之上的大和抚子（日本温柔、稳重且具有高尚美德的女性的代称）。几乎是在同一时期，哥伦比亚大学也成立了同性恋社团。

之后是“纵情派对公司”（Orgy），别称为“草间性爱公司”。主要业务是主办性派对。

对从未见过和体验过性派对的人来说，我创办的公司可以让他们亲眼观看乃至亲身参与，在这方面，我们对美国的性解放可以说做出了很大的贡献。

很多人以为出席我组织的派对的人都是嬉皮士，但实际上，会员中居多的是上班族，而最常参加活动的是律师、医生还有大学教授，大都是有着很高社会地位的人。这些人容易被世俗说三道四，一般不交女朋友，当然也不能随心所欲，其结果就是跑到我这里来参观全裸派对，有时自己也会加入其中。大家全裸，相互往身上画波点。

关于邮购方面，我卖的是私处特写以及各种性爱用品。

我还成立了裸体时装公司，主要生产和销售的是裸体派对上用的礼服。

我用这些奇装异服举办过偶发艺术。比如用苏联与美国的国旗制作了一件礼服，让 30 位男女同时穿起来，然后高喊“一、二、三、四”，一起跳进海里。大家在水中性交。

电影制作公司主要拍摄和性解放有关的电影。从 1967 年《草间的自我消融》开始，我已经自编自导了好几部电影，每一部都获得了艺术水平高的评价，我在各地的电影节上频繁获奖可以证明这一点。另外，这些影片能多次上映也是源自忠实粉丝们的支持。

出版业我也涉足了，发行了新闻周刊《草间狂热》（*Kusama Orgy*），我当主编，以“裸、爱、性、绘画和美”为主题，在全美报刊亭销售。

我为何对范围广阔的事业与运动如此痴迷呢？答案很简单，因为我做的是每个人都会感兴趣的事。报纸和杂志上随处可见情色新闻与裸女照，所以这一事实不难让人理解。

不仅如此，即使在今天，认为性爱肮脏、不可自由享受的中世纪伦理观依然盛行，几乎令人无法呼吸。

跟饥饿会引发犯罪与战争的逻辑一样，性压抑会扭曲人的本性，变成煽动战争的间接原因，这是我的主张。所以我内心的愿望是把这些遭受禁欲的人营救出来。

先不用说日本，就算是美国，距离完全的性解放也还有很长的路要走。无论如何，我们必须要进行一场性爱革命。这件事情是要搭上性命的，所以我也豁出去了！

作为时代大拐点的60年代

我不仅在美国，在全世界都有狂热的支持者。我的任何动静没有一天不出现在报纸杂志上，光这一点就充分证明了大众对我推广的运动有多么热衷。这也显示了很多人究竟关注什么。进一步往下说，这证实了人们对爱与和平的渴望与期盼。

我的责任是把性爱革命推广到大众身边，为大家提供享受性自由的机会与场所。我是这一舞台的提供者，或许可以称我为“舞台制作人”。

当然，在对性爱抱有日积月累的偏见，同时又备受禁欲煎熬的民众之中，展开这样的运动实则不易。首先，会有警察来镇压；其次，在大众里面也有和警察持有同样看法的人。可只要和他们说："战争与性解放，你觉得哪个好？"大家当然都选择性解放。

在这种思想的实践过程中，我的偶发艺术也变得越来越激进了。1969 年 4 月，我在纽约中央公园的绵羊草原广场上举办了一场名为《咆哮》(*Burst Out*)的偶发艺术。

当天是周日，又是复活节，我和艺术家路易斯·阿卜拉菲亚举办了一场针对纽约市市长的偶发艺术。我们两人全身画满了波点图案，在"爱与裸体"的舞台上不停地奔跑。我的身上只有胸罩和面纱，当场有人在大庭广众之下连拉带抢地捉弄我的纵情礼服（Orgy Dress）。根据《纽约时报》的报道，当天聚集了 4000 多名嬉皮士。

《每日新闻》的标题是《复活节的裸体示威》，大致是这么描写的：

"4 月 6 日周日的复活节风和日丽，众人穿着各式各样的服装聚集到了午后的纽约中央公园，绵羊草原上人山人海。问了现场的人才知道这里有一场嬉皮士聚会。仔细看过去才发现在小山包上，有一位娇小玲珑的东方女性，全身绑满了奇异的布，一头黑色的秀发垂到胸前，犹如自由女神站在那里。女神一发出号令，周围的嬉皮士当即开始脱衣服，最后在小山包上的女神也脱光的瞬间，等待时机的警察们高喊：'抓住那个女的！'并发起了进攻，但同时上百位嬉皮士手拉手筑起了人肉栅栏，高呼：‘保护弥生！’警察与嬉皮士相互推搡，有人从栅栏里面向警察投掷啤酒瓶，玻璃碎片打伤了围观起哄的人，被击中的人当场头破血流。远处传来了救护车的鸣笛声。有一位赤身裸体的嬉皮士过度兴奋，竟然一下子跳进了篝火之中，导致全身烧伤，于是又开来了一辆救护车。

“这场骚乱从中午一直持续到晚上 8 点，那批比鬼还可怕的纽约警察最后也罢休了，逃之夭夭。女神的名字叫草间弥生。”

8 月，我在纽约现代艺术博物馆（MOMA）的庭院里举办了一场偶发艺术，取名《MOMA 招魂大狂欢》。当场由 8 名全裸的参加者在美术馆雕塑花园的喷水池中犹如雕塑一样摆出各种姿势。

我在宣传单上是这么写的：“脱下衣服，让我们加入雷诺阿、马约尔、贾科梅蒂和毕加索的欢乐团队吧。这 4 位画家不仅都会参加，而且保证也会全裸。”

对我来说，MOMA 就是“现代艺术的坟墓”。在那里，“现代”这个词汇究竟具有什么意义呢？凡·高、塞尚，还有其他艺术家已经是亡灵了，或者正在走向死亡。我认为在展示这些已故艺术家的作品的时候，活在当今的艺术家就死了。

四男四女一开始是处于待命状态的，我一声令下，大家当即脱掉衣服，全裸着进入了喷水池。喷水池装饰着众多雕塑作品，其中包括马约尔的《洗发女》(*Girl Washing Her Hair*)以及毕加索、亨利·摩尔的作品。

其中有一名女性成员在马约尔的雕塑上伸出了两条腿，摆出一个“大”字形，将性器展露无遗。紧接着，一名黑人趴在她的身上，用厚嘴唇跟她接吻。两人的性器虽然有所接触，但并没有进入。从身后看过去，黑人的性器恰好遮住了女性的性器。

还有一组人靠在雕塑的周围相拥，另外两组人在水池边上摆出各种体位与姿势。我在这群人的边上一直高喊：“Let's make love! Let's make love!”在演出期间还对观众高呼：“这是借艺术的名义击碎权力的行为！”

不过，这次的偶发艺术也未能得以持续，因为博物馆的警卫人员很快就把全裸的男女带走了。

第二天是8月25日，《每日新闻》的头版刊载了照片与报道：“现代艺术博物馆的警卫员威廉姆斯请全裸男女从喷水池里走出来时不禁感叹：这难道也是艺术吗？喷水池边横卧着一尊马约尔的雕塑《洗发女》。这场突如其来的全裸表演是由日本艺术家草间弥生策划的，现场观众爆满。”

这篇报道还添了一笔，说警卫员光是把全裸男女从喷水池里请出来就花了 20 分钟。横卧在马约尔雕塑上展露性器的女性后来说：“喷水池的水很舒服，我的职业是设计师，这是第一次参加偶发艺术。作为艺术家，我与草间志同道合，全裸对我来说根本不成问题，今后还会参加更多类似的活动。”

直到 1969 年年底，狂欢与偶发，还有工作室时装秀以及结束之后的性派对接连不断。20 世纪 60 年代的大拐点就这么谢幕了。

哲学家菲利克斯·加塔利在一篇题为《草间弥生赞》的文章里是这样描述我和我的艺术的：“草间弥生扎根于日式想象力的最深处，而且也是一个能从现代素材中诱发主观与感性潜质的超常装置。然而正因如此，大众消费者更不该忘记是这些素材向我们展示了这样一个令人扫兴的世界。草间弥生让我们的世界重现魅力。她如同一道闪光，为了超越‘垮掉的一代’的创造与毁灭而付出了多少代价啊。她在我们面前，作为伟大的现代艺术家创造谁也无法预期的未来。”

时隔13年后的短期回国

1957年（昭和三十二年），我28岁的时候逃离了日本。时隔13年后的1970年3月，我暂时返回了日本。目的是想在日本引爆我在美国大获成功的偶发艺术以及由此产生的性革命。

可是，我在纽约时就已经有所耳闻，知道日本的媒体报道大都是负面的，对我有很多恶评，甚至是缺乏常识的。因此我内心带着一丝怀疑，不知怎么才能让日本人理解我的思想与行动。

为了尽早让更多的人了解我，我非常重视报纸杂志和电视这些大众媒体。欧美媒体对我的报道比较公平。可是日本的媒体却截然相反，总是令我愤怒。日本的媒体歪曲我的活动，竭尽全力地利用我，所有的报道都往我脸上抹黑，甚至污蔑我的个人形象。

总之，日本的媒体是卑鄙的，记者和摄影师一个接一个地到我纽约的工作室采访，嘴上说："你在日本被误解了，有人说你是国耻，我是为了改变这一看法才来采访你的。"全是好听的话。我帮他们采访了性派对和全裸偶发艺术，就连食宿也是我招待的，到了最后却给我添这么多麻烦，还完全不当一回事地背信弃义。

比如，有一个叫 K 的摄影师，用尽了我们工作人员的关系，不仅不守约、装傻，最后还不辞而别。他发表照片，四处散播言论，就跟他单凭自己一人之力潜入了性派对一样，根本不提我们给予的帮助。他刊载的文字有很多处都盗用了我的谈话，却只字不提，连草间的"草"都没有。

《周刊 POST》刊载的报道也毫无根据。照片分明是我提供的，他们却拿给别人使用。更有甚者，还把我的照片当成自己拍的到处兜售。日本电视台的节目《11PM》也没经过我的准许就擅自使用了从我这里拿去的照片，后来我才知道这些都是 K 和 N 干的。这样的事情不计其数，我对日本媒体人无底线的行径深恶痛绝。

在《周刊文春》的《昭和奇人传》栏目中，一个叫 H 的撰稿人不但用"上床也是战术"这句话形容我，而且还写一大堆诽谤我的报道。我从来就没见过这个人，也许是他看我成功心里不舒服吧。他的灵感也许是从纽约的穷日本画家那里获得的，其中包括很多不负责任的抱怨。《周刊新潮》也刊载过我的丑闻，真不知他们是从哪儿弄来的，全部都是凭空捏造、恶语中伤。

在我看来，女人只要是为了工作和男人上床就完蛋了。在美国，女人不与批评家、媒体人和资本家上床。一旦上床，女人就失去了武器。如果不上床，她们的魅力还能用上 10 年或者 15 年。所以，我绝对不和人上床。

到我这里来的不仅仅有记者和摄影师，还有很多赴美的日本大学教授、艺术家和演艺圈的人，可他们也是一样的家伙，把我提供的信息当成自己的意见拿出去发表或者讲演，实在是傲慢无礼。

事实上，到纽约拜访我的日本人大多数都是垃圾，连我的美国朋友都对他们很反感。加之那些充满恶意的报道反复出现于媒体，危害我与在日本的家人的关系，这让我很担忧。

在纽约现代艺术博物馆庭院举办人体彩绘个展的第二天，发生了一起事件。

我位于第六大街的工作室的广告牌被人毁坏了，玻璃窗也被人投石，砸得粉碎。我急忙跑到窗边去看，发现有五六个喝醉的日本男人正在破口大骂："靠脱衣服成名，你这个卖国贼！""像你这样的，早该被强制遣返回国！"他们骂骂咧咧的，然后大摇大摆地走开了。

这样一来，只要我的信息一传回到日本，我的家人就都觉得没脸见人。就连我那位血气方刚的老父亲也写了一封信给我："你竟然已经堕落到了如此地步？" 母亲毕竟是母亲，她每次都写一堆哭哭啼啼的话："周围的邻居还有店员都读了报道你的杂志。看到大家一直在尽量避开这个话题，我的心更难过了。"

有时她还寄给我这样的信："每次看到报纸杂志上刊载了弥生的事情，都叫我丢脸，不知如何面对街坊邻居。你干这些辱国的事情，叫我觉得对不起祖先。今天我又去上坟谢罪了。你小时候喉咙生病，差点儿死掉，那时要是真的死掉的话……"

父亲和母亲完全相信日本媒体的报道，对我来说，没有什么比这个更悲哀的了。

日本的媒体根本不关注我的艺术与思想，只当作丑闻，而我正是在他们的虎视眈眈之下，时隔 13 年再次踏上了日本国土。

一成不变的日本男性社会

3月6日晚上10点，从西北航空的班机走出来，进到羽田机场，天气比我预想的冷多了。迎接我的人只有一位，是《周刊POST》的记者N。因为我登机时是隐姓埋名的，所以这很正常。

第二天我马上和法律顾问商量，因为我打算举办一场让全日本目瞪口呆的偶发艺术表演，目的是为了解放“性盲”[1]的日本人。我即便因为这场表演而被驱逐出境也无所谓，但如果不能返回美国的话就糟糕了。因此我才来请教律师。

当时我想到的偶发艺术是各式各样的，打算在世博会场举办同性恋大游行，最后作为压轴戏，在国会议事堂前举办一场裸体大秀，通过这些策划引发一场大型的国民运动。在皇居与国会前的偶发艺术策划即使因为被警方阻止而无法实现，也会被全世界的媒体报道，这也算达到了我的一小部分目的。利用媒体，我撼动全世界的道德观，自己在绘画和雕塑上所进行的革命事业，同样也要面对全世界的人进行下去。是的，我坚信自己必须这样做。我在纽约进行的裸体彩绘影响了欧美艺坛并出现了很多支流，当我看到模仿《草间·偶发》的艺术遍地开花时，真的是大吃一惊。

踏上久违的日本国土，最先让我吃惊的是男人们蛮横无理的样子，这和以前相比没有任何变化。我刚叫到一辆出租车，当即就被后边的男人抢先钻了进去，真是无礼到了极点。这与其说是叫我生气，还不如说是让我目瞪口呆。我不习惯东京，这个城市让我浑身难受，司机都对我大声嚷嚷。男人们全是以自我为中心，我看到他们，真想拿一把棒球棍殴打他们的屁股，然后把他们全给阉割了，放逐到八丈岛[2]去！

翻看日本的杂志，女性的裸体与性爱报道比比皆是，可以说是泛滥成灾。可从性解放的角度来看，这里没有任何长进。即便丈夫们外出拈花惹草，女人们仍然对丈夫坚守节操，就像我的祖母与母亲一样。天下还有比这更荒唐的事吗？

与其被腐朽的道德绑架而坐等出嫁，还不如拎上一个包包，无论要饭也好，夜宿也罢，应该以自己喜欢的方式生活。就像我这样。我以前在纽约举办过一场《烧掉内裤》（*Burn the Panties*）

的偶发艺术表演，西方女孩儿们都烧掉了内裤，我觉得应该让日本女性也脱掉内裤并把它们烧掉，由此获得性解放。

类似东京大学的赤门，只不过是一个男性沙文主义的象征。如果能够捣毁它，教给大家同性社交术和性爱技巧的话，我可以作为女性校长，率领手下的同性恋者从纽约杀回来。

总之，大多数的日本人，无论男女，本质上都是性盲，而且他们的情欲都被禁锢了。

有一天，日本著名的实业家一行十几人，希望参观我工作室的裸体彩绘。他们凑到女模特的下半身旁边指手画脚，大惊小怪地说："哦！长的真的是金毛啊！"真是吵闹不堪。后来还有人动手动脚的，我真想把这群老东西的那里一脚踢飞。模特们跟我的想法一样，等这群人一走，她们大喊："这是什么鬼？从来没见过如此不要脸的人！"从那次以后，我在工作室门口贴了一张告示，上面写的是"日本人禁止入内"。

我想打破日本人对性扭曲而封闭的态度！在日本的时候我一直抱有这样的想法，所以连日接受了日本媒体的采访。包括周刊杂志和报纸，还有电视台，我都答应了采访。

3月12日，我参加了NET电视台的《奈良和早安秀》节目。节目的女助手或许是因为心不在焉，忽然问我："您穿的是什么样的内裤？"我从一开始就在等待这样的机会。一听她这样问，我瞬间站起身，一边说"给你看看吧，就是这个"，一边开始窸窸窣窣地脱连裤袜。当下男助手一下子挡到了摄像机前面，摄影师也手忙脚乱，把镜头转向了天花板。这真可惜，因为丝袜下面我的全裸肌肤没能登上电视荧幕。我本想通过这种手段把日本人思维中的罪恶感一扫而空。

在皇居前接受采访的时候，我站在二重桥前把连裤袜往下拉，双腿劈开站立，对摄影师说："从我裆下把二重桥拍进去。"摄影师急忙连续按下快门。附近许多游客被吸引得停住了脚步，回头张望。摄影师赶紧把我带出了现场。其实那本是一次绝好的偶发艺术，但他没有明白我的意图。

我一天到晚都在接受暴风骤雨般的采访，但无论是采访还是其他什么，日本的新闻媒体都有一样的毛病，就是只会问我同样的问题，对我的行为只是好奇与津津乐道，而根本不关注行为背后的意义与本质，更不用说予以理解了。水平之低，叫我无语。

1. 性盲：原文是“音痴”，用“音盲”比喻“性盲”。
2. 八丈岛：日本伊豆群岛中的一个岛，明治初年及以前是著名的罪犯流放地。

深夜逮捕事件

3 月 13 日的深夜，我带着三个女子来到银座逛街。突然间，我发号施令：“脱吧！”三人一下子就脱掉了风衣，其中两个身上只穿内裤，另一个穿着喇叭裤。紧接着我又说：“放开干吧！”女孩们开始高呼万岁，东奔西跑。她们三人的身上都是我画的彩绘，图案是美丽的波点。

正当我对三人又下命令“再跳一下”时，忽然传来了一个男人的声音：“你们在干什么？”原来是有一辆警车开了过来。“这也许会触犯公然猥亵罪，请到局里来一下。”就这样，我们四人被带到了筑地警察局。据说这是因为有路人打电话到警察局举报，他们才知道了这件事。

深夜的偶发艺术只开场一分钟就被叫停，我深感遗憾。“你说我做了什么？什么警察，我不去！”我虽然大喊大叫，但还是抵抗不过警察。我实在没辙，于是从口袋里掏出美元，希望对方放我一马。可在身旁的周刊杂志记者告诉我这么做只会更糟糕，因为这样会被判行贿罪。我在纽约的时候，每次只要掏钱，就能让警察放人。

不管怎么说，日本的调查审讯太过分了。女孩子们穿着内裤，上半身没戴胸罩，只是披了一件风衣。警察却让她们解开衣服，而且一直折腾到凌晨4点，非常令人生厌。这些警察虽然不收钱，但全是色鬼。一个女生被弄哭了，他们竟然很开心。“脱一次就行，脱下来看看”，真的太过分了。听完了警察的说教我们才好不容易被释放。我觉得日本已经无药可救。

我在日本待了两个月，重新确认了这个国家只是一个充斥着谎言的国家，到头来，日本人还是不了解什么是真正的性解放。不只是老人，就算年轻人也不过如此。日本男人已经陷入了性饥饿的状态。

性解放是通过人与生俱来的性行为，确认他人的存在，同时与他人形成联结。日本人完全不理解性解放实际上就是一场人间革命。

我的有关“性与反战”的思想以及偶发艺术表演根本没被日本接受。无论是媒体还是文化人，谁都没有对我表示理解。自从耶稣现世以来的“变革者不被故土所容”的实感激增，最终我离开了日本。

1971 年（昭和四十六年），我把活动领域转移到了欧洲，去各地巡展。尤其是以罗马为中心，积极举办人体彩绘表演、时装走秀和个展。另外，电影《草间的自我消融》《花的狂欢》也在“第一届纽约电影节”上映，反响很大。

1972 年（昭和四十七年），我返回了纽约，再度以此地为中心开展活动。同年，美国版《名人录》收录了我的名字，并定期更新我从 1962 年开始的履历。

1974 年（昭和四十九年），我父亲去世。

第四章

我见过的人，爱过的人——奥·吉弗、康奈尔、安迪·沃霍尔等

乔治娅·奥·吉弗

我最初，也是最大的恩人

在我见过的所有人当中，有一个人的名字必须排在第一位，她就是乔治娅·奥·吉弗。如果不是她收到了我那封贸然的信，并且热心地回复了我，我真不知道自己的美国之行会变成什么样子。就我赴美并能在当地开始艺术创作这件事而言，她是我最早的，也是我最大的恩人。

在此专门为乔治娅·奥·吉弗做一个简介。她于 1887 年生于美国威斯康星州，十几岁的时候就立志当画家。她在芝加哥和纽约学美术，1910 年左右开始对东洋艺术产生兴趣。

她一边当美术老师，一边坚持艺术创作，其抽象作品引起了摄影家阿尔弗雷德·斯蒂格里茨的关注。1916 年他在自己的 291 画廊举办了奥·吉弗作品展。1924 年两人结婚。1946 年斯蒂格里茨去世之后，奥·吉弗将家搬到了新墨西哥州，过着与世隔绝的日子。她画了很多花和纽约都市风景的画，还画了沙漠与动物的骨头。1986 年去世，享年 99 岁。

我从西雅图到纽约，一方面为能在憧憬已久的都市生活而欢欣鼓舞，但另一方面也发现当地与战后的松本截然不同。面对纽约激烈的竞争环境，我的精神状况出了问题。这时奥·吉弗写信给我，跟我说如果在纽约住得那么痛苦的话，可以到她家住。她还拍了自己家的花园和房子的照片寄给我，让我了解她在新墨西哥州的家是什么样子。

奥·吉弗对我这么一个素不相识的人能如此体贴，也许是因为通过艺术对东方、对日本产生了兴趣，另外也许对我在那个年代奔赴美国深感好奇。当时在日本，还没有谁想过这么干。那个时代大家谁都食不果腹，生活得十分艰苦。赴美的艺术家也得靠打工才能生活。在那种背景下，说什么要去美国画画，实在是太不食人间烟火了吧。

奥·吉弗看到这样的我，多少有点儿被打动了吧。她对我亲切应该是因为被我的话感动了。

有一次，奥·吉弗专程来访了我的纽约工作室，那是我在纽约住的第四年，1961 年的事情。当时我住中城区东 19 街 53 号。她打电话告诉我“现在过去”，然后大约过了 10 分钟她就到了。

我很想跟她合影，但没时间去买底片，结果我们连一张合影都没拍。现在想起来，实在遗憾得很。

奥·吉弗给我的第一印象是满脸的皱纹，我没见过那么深的皱纹，深 1 厘米左右的纹路嵌入了脸庞，犹如帆布鞋的鞋底一样。不过，她是一位品味很高的淑女，气质超凡。

她一边说“我是乔治娅·奥·吉弗”，一边走进房间问我，“哦——一切都顺利吗？”

她虽然看起来瘦骨嶙峋，但仪态稳重，有一种孤高的艺术家的威严。走路时并不是举步生风，而是缓步直行，胸口上别了一个亚历山大·考尔德的胸针。

奥·吉弗问我生活是否困难，愿不愿意到她那里住，十分替我着想。她自己基本上不与人接触，却对我如此关心，还亲自来看我。

她虽然让我去她那里住，食宿全免，可我要是不待在纽约的话就无法成名，所以还是谢绝了。无论怎么说，奥·吉弗住的新墨西哥州实在太远了，从圣菲开车到阿比丘，然后再坐飞机到纽约，大约要花8个小时。

我看奥·吉弗送给我的照片，当地的风景与墨西哥一模一样，疾风劲草，散发着浓厚的亚热带气息。她住在那么远的地方却名声不落，说明她的作品实在精彩绝伦，深深触动了很多人。

奥·吉弗性格古怪，平日不与人接触，但每次到纽约来的时候都要和我见面，与她交往的日本人估计就我一个。从各种意义上说，像她这么杰出的人真的很少见。她送过我一幅花卉的水彩画，可搬家时我给弄丢了，真是后悔莫及。

奥·吉弗是美术史上的一流画家，作品格调相当高，我想这是因为她有很深的精神涵养。

日本画对奥·吉弗的影响

奥·吉弗第一次去欧洲的时候大约60岁，当她看到塞尚画的《圣维克多山》时，不禁大吃一惊："什么呀，原来立体派就是这个样子吗？"在她看来，那座山也太过于普通了吧。

她给美国人带来了相当强烈的冲击。这是因为美国根本就没有那种风格的画，所有人都想把画面画得满满的，没有人像她那样画出空间感。奥·吉弗作为美国画家，以女性的身份拔得头筹。像她那么坚持自己、完全靠作品建立地位的人实属凤毛麟角。

我觉得她实际上受到了日本画的影响。说起来，她的作品有一种象征主义的风格，上面的花与日本画上的花酷似，有很多留白，只画自己想画的部分。画法非常东方，连树叶也是东方的树叶。

她到了晚年，大约在过世前三年，患了青光眼，双眼失去了视力，而且已无法做手术。不过她会用失明的双眼仰望天空，在心中描绘云彩的形状。

另外，她有严谨的一面，不容易接触，占有欲超强。手下有 6 名仆人和园丁，菜园不施农药，除了自家园子里摘下来的菜，什么都不吃。

晚年的时候，有一个 22 岁的男子闯入奥·吉弗的生活并替她打理家事，全心全意地伺候双目失明的她。奥·吉弗对此很感动，把一切都交给了这位 22 岁的男子，当时她已经 86 岁了。

她以往犹如修女一样，整天穿着黑色的衣服，但那位男士雇了服装设计师替她设计了漂亮的衣服。

奥·吉弗临死前，这位男子把她带回自己家照顾。奥·吉弗没有孩子也没有亲戚，无依无靠，男子事无巨细地照料她，可谓尽心尽力。然而社会对此流言蜚语不断，说他是为了财产，只在奥·吉弗活着的时候做做样子而已。

事实是，那位男子在奥·吉弗过世后仍然很认真。他成立了一个基金会，经营得比奥·吉弗生前还要气派，并担任了奥·吉弗基金会的理事长。

过世前的奥·吉弗每天一遍又一遍地写遗嘱，房产给谁，别墅给谁，然后又改写成另外一位赠予对象……诸如此类，她也许是因为眼睛看不见，没有其他事情可做吧。据说她的遗产全是按照遗嘱做的分配，这点我真替她高兴。奥·吉弗真的是一位了不起的人，同时也是一位了不起的画家。

约瑟夫·康奈尔

在不知对方是谁的情况下相遇

1962 年的某日，经纪人对我说：“这两三天之内我们去见一个怪人。弥生，我带你去见他是有条件的，你要穿上最漂亮的衣服。”

据她所说，那个男人超级怪，平时谁也不见，活得像一个隐士。无论艺术经纪人们怎么想要他的作品，他谁都不卖。不过，只要带上漂亮女子他就会卖。经纪人和我说：“弥生，所以我要带你去！”还说：“我已经跟他说了，这次要带一个东方超级美少女过来。”

我穿好和服，系上银带，和经纪人两人一起去拜访他。然而我连对方是谁都不知道。

这地方与曼哈顿完全不同，街区看上去很萧条，一连好几十栋一模一样的房子并排在一起，我们去的是其中的一栋。他家在皇后区，乌托邦公园大道。

经纪人绕到后门敲了门，房里传来一个男人的声音，同时门被打开了。这是厨房的门，男人正在喝红茶。这时我才知道他名字叫约瑟夫·康奈尔。

约瑟夫·康奈尔，1903 年生于纽约尼雅克，13 岁时父亲病逝，他成为家里的顶梁柱，照顾母亲和患有小儿麻痹症的弟弟。1931 年，他接触到马克斯·恩斯特[1]的作品，走上了艺术之路。20 世纪 30 年代，他与超现实主义画家们来往交流，并采用拼贴的手法创作神秘的箱型作品。1972 年去世。

其实在这之前的两三个月，约瑟夫·康奈尔与我，还有阿伦·卡普罗和李·邦泰科等人一起在纽约的格特鲁德·斯坦画廊举办过联展。这次到他家拜访是我们头一次见面。当时，约瑟夫·康奈尔有五十几岁，在我看来已经是一位老爷爷了。

他家是典型的殖民地风格的建筑，非常美国。不过一进到里面，却充满了欧洲的氛围。这与我居住的纽约相比完全是另一个世界，我感到异常惊奇。

仔细一想，朱利安·列维画廊有一张超现实主义的海报，海报上的少年用喇叭连续高呼“超现实主义”，那幅画似乎就是约瑟夫·康奈尔画的。

他受到许多流亡到美国的欧洲艺术家的影响，更直接被马克斯·恩斯特的《百头女》（*La femme 100 têtes*）所吸引而点燃了创作的激情。他的家与我曾经拜访过的那些艺术家的住所完全不一样。他不用那种美式风格，这一点我能理解。

在这个男人怪异而阴暗的面孔上，露出了一丝愧色，他开口说道：“是这位少女吗？联展上挂在我边上的作品是她的？”然后说：“请进来吧。”开始上下打量我的和服，并悄悄摸我的衣摆。

约瑟夫·康奈尔跟我说：“你是个漂亮的日本女孩。”然后又对我经纪人说：“谢谢你给我带来这么漂亮的人。”他家里到处挂着他的作品。

约瑟夫的工作室杂乱无章，东面的墙边堆满了各式各样的空箱子，还有水果箱与空罐子。这些箱子罐子都是分门别类的，有的里面全是贝壳，有的全是石子，有的箱子装满了沙子，有的箱子里全是钉子。

另外还有一堆将来也许能派上用场的旧杂志，从地板一直密密麻麻地堆到天花板。杂志上印了很多约瑟夫喜欢的古典女性的照片，全部是他从旧书店淘来的。

创作的时候如果需要贝壳，他就去把装满贝壳的箱子搬过来，箱子里面装满了各式各样、大小不一的上百种贝壳。

他走在路上时，一旦看见旧木头的边角碎料和钉子之类的东西就会捡起来，放入随身携带的纸袋里，小心翼翼地带回工作室。只要有机会，他就会把这些东西变成作品的一部分。

他把沙子染成红色和蓝色，装进被丢弃的葡萄酒瓶里，创作出精彩的作品。

在一件名为《鸟群的天文导航》（*Celestial Navigation of Birds*）的作品中，安装在金属棒上的球是从 10 元商店买来的，并被涂白了。中间固定管子的钉子全是直接用旧钉子染色的，只要一拿箱子，里面的球就会转来转去。这虽然是 1963 年前后的作品，但其中采用了许多 DIY 的手工做法。

1951 年的作品《超现实主义箱子》（*Surrealist Box*）也采用了 DIY 手法。他先在一张纸上划上 17 道刀痕，之后在染成蓝色的沙子里放入一两枚戒指，只要用手拿这件作品，把箱子斜过来，或者横着移动，即可能营造出各式各样的构图。我也有一个和这件作品一样的箱子，它最吸引人的地方是百看不厌。

约瑟夫的作品从表面上看似乎没下什么功夫，但实际上他设置了精巧的机关，让人们可以充分享受拼贴的妙处。

约瑟夫从 1946 年到 1948 年完成了一件名为《反复立方》（*Multiple Cubes*）的作品，前卫得令人吃惊。因为 20 多年后，这种反复立体的概念风靡了整个纽约画坛。

为了找一个装裱约瑟夫作品的画框，我在第四大道和第三街区那一带逛，随意走进了一家旧书店，感觉店里的氛围和约瑟夫的工作室一样，令人眼花缭乱。我抬头往天花板上看，发现这里堆放了一大堆约瑟夫用的那种画框和坏掉的箱子，“啊！就是这个。”每件的价钱是 1 美元或 50 美分左右。

有的画框已经很古老了，边角拼起来时做不到严丝合缝。约瑟夫会用很便宜的价钱购买这些画框，然后把小刀子插进画框边角的空隙，把空隙弄得更大，让画框显得更旧，创造出古色古香的韵味。

他用的如果是新钉子，一定会用脏兮兮的颜料涂满，把新的材料全都遮盖住，只有这样做才能不破坏整体的古雅气氛。

他的工作室只有一些简单的工具，一种是为了把裁切的木头固定住而使用的工具，还有一种是铁质的剪子和钳子，另外还有两三把铁锤和大小不一的锯子。他把新物品浸泡在铁盆里，用浑浊的脏水上色。

约瑟夫是一位技惊四座的制造箱子的天才，表面看上去他的制作似乎都在破坏，但因为他用新钉子从里面牢牢地固定住，所以在结构上没有问题。他在很多细节上都用了独有的技巧，是看不出破绽的。

不懂行的康奈尔的收藏家们不太喜欢把他的作品弄到欧洲举办个展，因为他们认为作品本身不结实，生怕在巡展过程中被损坏。

这是“制箱师”的过人之处。这份手工活很讲究，不是一般人能掌握的。箱子很小，但很费神，绝不可小看。

正如约瑟夫自己解释的那样：“我的作品从倾向性上说，与其与洛特雷阿蒙[2]和雷蒙·鲁塞尔相比，不如说和奈瓦尔更贴近。”他的作品在创作技巧上酷似马塞尔·杜尚[3]的现成物或超现实主义物件，但他的创作与欧洲系的作品相比，却毫无反讽的意味。从整体上而言，他的作品是抒情的，比如《鹦鹉与蝴蝶的居所》这件作品。他有一种独特的诗意与节奏，这是欧洲人所没有的。

猛烈的求爱攻势

话题还是退回到与他相遇的时刻。约瑟夫讨厌艺术经纪人，但因为要报答替我们介绍之恩，就卖了一件箱型作品给带我来的那个经纪人。知道约瑟夫卖作品只收现金，经纪人的手提包里早已准备好了现金，她一拿到作品就急忙把我留了下来，趁约瑟夫还没改主意的时候就一个人先行告辞了，一副行色匆匆的样子。

现场只剩下我们两个人。约瑟夫死盯着我不放，我恨不得挖个洞钻进去。他完全没有在客套，表情很认真地跟我说："从没见过像你这么可爱又美丽的女性。"

和约瑟夫·康奈尔见面后的第二天，他就送给我他的诗作，这些期待确认我与他之间关系的诗作很快就塞满了我的信箱。如此猛烈的求爱攻势让我有些吃惊。每一首诗都透露着他作品中的那种意境。

全纽约见过约瑟夫的人可谓屈指可数，他的名声与作品的附加价值直冲云霄，但没有谁知道他真正的样子。他是一个传说般的天才。如果我告诉别人自己见过约瑟夫的话，周围人就会不厌其烦地问我："他是一个什么样的人？过着什么样的生活？"这让我很烦。

约瑟夫对外界的评论以及交往毫无兴趣，在这方面，他的孤傲态度与巴尔蒂斯（Balthus）[4]有点儿像。不过和巴尔蒂斯相比，他是一个缺乏常识的艺术家，世间的常理之于他而言是行不通的。他随心所欲，会把正经事儿变得一点儿都不正经。每次和他一见面，我很快就想说："都按你说的办吧，怎么着都行。"

另外还有电话轰炸。他一天会打来好几次电话，而每次通话时间都超长。只要一跟约瑟夫沾上边，我自己的生活就没办法继续了。他只要打电话过来，5个小时、6个小时都无所谓。"你觉得我怎么样？喜欢吗？"类似这么单纯的对话反反复复，永无止境。因为他的关系，经纪人说我家的电话老占线，怎么打也打不通，对我的评价也降低了。

这一事态到了他晚年变得越来越严重，他对我的束缚令我无法忍受。这不仅让我心烦意乱，也浪费了大量的时间。不过另一方面，约瑟夫·康奈尔这个人的确有他的迷人之处，更不用说他所创作的精彩纷呈的作品了。

约瑟夫有一位像猪一样肥的面目可憎的母亲。这个人也不正常，只要见到有女人接近她的儿子就会嘟囔："讨厌！讨厌！真让人受不了！"我和约瑟夫经常互相串门，可只要我到他家去玩，眼前似乎马上就会出现他母亲不高兴的脸色。

有一天，我和约瑟夫坐在草地上热吻，沉醉于忘我的世界。那位猪一样臃肿的母亲提了满满一桶水，光是看起来就很重。但她还是喘着粗气高举起来，从我们的头上“哗啦”一下浇了下来。我全身都被浇湿了，从头发到漂亮的蕾丝洋装无一幸免。当然，约瑟夫也无法幸免。

事情都弄到这一地步了，约瑟夫竟然还拉着他母亲说：“妈妈，请原谅我，放过我吧。这个人是我的恋人，不要随便乱来。”他没向浇得跟落汤鸡一样的恋人说对不起，却向他母亲道歉。

他母亲还是摆出一副家长的架子，毫不退让：“我跟你说了多少遍？约瑟夫，你不能碰女人，女人是梅毒与淋病的巢穴，很脏。可为什么你还把女人往家里带，还热吻？”

还有一次，我在他家淋浴时，他母亲把我用过的毛巾全都拿到大锅里给煮了，开水“咕噜咕噜”地直作响。我一直担心那锅煮过毛巾的热水会不会被她浇到午饭上，因此提心吊胆，饭都没吃好。

他母亲只要一发现我们在一起，总会大喊大叫：“约瑟夫，约瑟夫！”然后约瑟夫也一定会应声答道：“我在这儿，妈妈！”接着就问：“有事吗？”反正他有十分病态的恋母情结。

约瑟夫在他母亲面前永远只会忏悔，即使被从头顶上浇了水，脑子里却只装满会被母亲训斥的念头，完全不把他身旁瑟瑟发抖的我放在眼里。

他母亲只要一说："倒茶来。"他马上答应："好的，妈妈。"然后当即站起来，连看都不看我一眼。这样的事情也不知发生过多少次了，我真想踹他两脚。总之，一个快60岁的儿子与80多岁的老母亲之间的关系，在我看来实在太诡异了。

我终于忍无可忍，有一次直截了当地跟他说："约瑟夫，既然你母亲这么嫌弃我来找你，今后我便不再到你家来了。这样你和我就都用不着挨骂了。我受不了她这么对待我。我是一个从东京来的女孩，你母亲不可能了解我。"

他紧紧地抓住我的手，苦苦哀求："如果你要离开我，那我干脆去死好了。我所有的梦想都会破灭的。很久以来，我做梦都想与一个日本女孩立下相爱的誓言。这是我有生以来第一次被人介绍认识了像你这样的日本女孩，我快乐得心都快跳出来了。可是你却说你不再来了。亲爱的，真的对不起。我母亲虽然很疯狂，但对我来说她就是一切，这一点无法改变，虽然这样很对不起你。"

那位年过八十的老女人满脸皱纹，金发已全白，勉强才能用红绿条纹的外衣包住全身的横肉。对约瑟夫而言，她就是一切。

彻底的闭门自守

约瑟夫老是穿得很邋遢，走起路来跟流浪汉一样。鞋子有破洞，手上拿一个软塌塌的纸袋子，买了苹果放里面，买了柠檬也放里面，这个风格从未改变。一个是看上去像流浪汉的男人，另一个是像东方公主一样可爱的女孩，走在大街上，路人经常会转过身来打量我们，好奇这一对是什么关系。

我原来的住房楼上住的是唐纳德·贾德，后来搬到了新的工作室，楼上住的是克拉斯·奥登伯格，再往上住的是拉利·里维斯（Lary Rivers）[5]。那栋公寓虽然没有名字，但地址是东十四街 404 号。

晚上送约瑟夫回家，走下楼时，看见拉利带了一群超级美女模特回来，见到我们时所有的人都发出了尖叫声，原来大家以为遇见了流浪汉。拉利问我这位流浪汉是谁？我说他是约瑟夫·康奈尔，拉利很惊诧，一脸的不可置信。

我去他家时，有时会遇到他刚从森林里缓步走出来，那一瞬间让我毛骨悚然，差点儿一屁股坐到地上。他的样子犹如弗兰肯斯坦（科学怪人）一样诡异，形同废人。

他不让人拍照，讨厌人、讨厌照片、讨厌交际，喜欢独居，反正就是不愿见人。

我们吃饭时听见有人敲门，他谁也不应。结果敲门的人绕到后门进来，掏出一张名片说："康奈尔先生，我是从伦敦来的艺术经纪人，希望您能卖给我画。"我一看名片，确实是一位大人物，可约瑟夫连看都不看一眼，只说："我没有一张画要卖的。"然后摆出一副若无其事的样子继续吃饭。

约瑟夫总说他对别人如何评论自己没兴趣，可当他不在家时，我悄悄打开壁橱一看，原来里面堆积了一大堆有关他的评论。我当时很吃惊，他的名气那么大，报纸杂志上的评论多也是理所当然的，可他分明和我说对这些根本不感兴趣，却私下收集了这么多。

约瑟夫说我的作品艺术水准很高，但实际上，这人对自己以外的人的作品没有一丁点儿兴趣。我一直认为约瑟夫·康奈尔必定会成为一位伟大的艺术家，最终他也做到了。原本我就觉得自己最棒，所以他怎样和我没什么关系。而约瑟夫也觉得他自己最棒。

其实我也不想跟他分手，但实在没有办法。因为他对我的工作干扰太大了，几乎霸占了我所有的时间，一点儿空隙都不给我。

弗兰克·斯特拉（Frank Stella）[6] 和我的年龄差不了太多，却显得很年轻，我喜欢他。接下来我想跟弗兰克约会，我刚开始化妆和穿洋装时，电话铃就响了，"弥生！"又是约瑟夫打来的。

有一天晚上，朋友打来电话跟我说：“弥生，你的电话怎么老打不通，一大早上就坏了吗？”这不是电话坏了，而是约瑟夫一直打进打出的缘故。

我回绝约瑟夫：“我肚子饿了，先挂电话了！”可刚过两分钟，他又打来了：“刚才忘了说……”我不知该如何对付他，干脆把电话搁在原处，上卫生间、去街角餐厅买点心、买报纸。对此他一点儿也不往心里去，毫不担心。他不挂电话，一直在电话另一头等着。

我想他也许还有别的恋人，于是问他：“为什么你不找一个比我年轻可爱的人呢？”他的回答是：“所有的女孩都逃走了。”

尤其是女学生们，没人能理解约瑟夫·康奈尔的创作世界，或者说对神秘的世界毫无兴致。所以女孩子马上就逃跑了，留在他身边的好像只有我一个人。

我喜欢进入约瑟夫·康奈尔的世界。那真是一个太美妙的世界，光是看着他的作品就身体发麻。虽然他实在是太烦人了，但我还是没能离开他。

有一次我很失态。跑到别的男朋友那边去玩，早上 10 点左右一回家，就听见电话响个不停。果然又是约瑟夫打来的。“你忘了跟我的约会吗？”“什么约会？”“不是说好了今天10点在大街的杂货店边上等着吗？”的确有这么一回事。“对不起，我现在就出门。”他马上问我：“你刚才去哪里了？”我回答：“出门买牛奶去了。”

我马上换好衣服，直奔约会地点。只见他脸色铁青、满头大汗地站在杂货店旁边等我，一副快死掉的样子。我去皇后区要花一个半小时到两个小时，他就一直这样在杂货店那里等我。他着实可怜，我唯有一个劲儿地道歉：“对不起，对不起。”

我跟他说了不知多少次，请他不要再打电话找我，但根本没用。约瑟夫是一个非常害怕孤单的人，而且也没有其他朋友。总之就是天天打电话，反复打。而且一打就是很长时间。另外还有信件。每次一打开邮箱，就会有十几封信掉出来，都是他写给我的。这也让我束手无策。

照顾母亲和卧床不起的弟弟，任重道远的青春岁月

约瑟夫有几件罕见的作品，即我们互相画的裸体素描。纽约长岛的冬季天寒地冻，我们两人照旧一丝不挂。我被冻得龇牙咧嘴，实在受不住了，于是问他：“约瑟夫，你为什么不把房间暖一下呢？”他说：“还有煤油，等一会儿就会暖和起来了。”可不管我

等多久，房间始终是冰冷冰冷的。

我向一位朋友抱怨这件事："我感冒了，全是他害的。"结果这位朋友对我说："我叫了运油车从外头替他加油，可他完全没注意到，他就是这种人。"也就是说，当时他根本就没点着暖炉。约瑟夫不是一个会注意到这些的人，他跟一般的人不一样。

约瑟夫尤其想看我的裸体，并提议画裸体素描。他刚说完"我们互相画"，就立即把我脱光。我回应他："那你也脱光吧。"就这样，两个裸体的人开始对着画。长岛的冬季冷得叫人难以忍受，整个屋子里连一点儿暖气都没有，也没有像样的食物，他身穿破衣烂衫，房间里遍地都是垃圾，状况惨不忍睹。

年轻的时候，约瑟夫为了照顾母亲和残障的弟弟，每天坐地铁转两三次车，到百老汇第十八街区附近上班。他做的是男装成衣的销售员，赚钱养家糊口。

他的父亲很早就过世了。一说起父亲，约瑟夫就会眉开眼笑地说："他很棒，是全纽约一流的男装缝纫师。"

约瑟夫住的地方差不多有一百栋一模一样的房子，堪称美国的长屋[7]。铺桌子的布用旧了，一般家庭都会换新的，可他家从来不换，只是把新的桌布铺在旧的上面，也不知叠铺了多少层。

另外，约瑟夫还有一幅引以为傲的照片挂在客厅里。照片上是身穿军服的祖父。他的祖父虽然没能当上将军，但也立了很多功劳，是一位独立战争的勇士，这让约瑟夫无比自豪。房间里还挂满了阿姨和表兄妹的家族照片，这一点非常美国。

我觉得约瑟夫的日子一定很辛苦，每天要带他弟弟上卫生间和洗澡，还要喂他吃早饭，为母亲准备三餐，加上白天上一整天的班，一定很疲劳。所以约瑟夫的创作都是在半夜三更进行的。他从年轻时就很少出门，这是因为他必须照顾母亲和弟弟，分身乏术。

患有小儿麻痹症的弟弟特别喜欢汽车玩具，但他的手连一个玩具都抓不住，一拿起来就掉了。约瑟夫说："弥生，不好意思，能帮我捡起来吗？"这时他的弟弟发出一声尖叫："唧唧——"把我吓得够呛。

他的弟弟一直流口水，睡衣上有很大一片口水痕迹。约瑟夫总是用很悲凉的语气哀求我，请我允许他弟弟多看我几眼："这孩子老是待在家里，从来没见过女孩子。"

那位令人憎恶的母亲死了。紧接着，一辈子都没下过床的弟弟也死了。只剩下约瑟夫一个人待在家里。

偶尔家里也会迎来访客，约瑟夫会送给人家东西。访客用手绢包好带回去，可打开一看，全是沙子、凋零的花朵，还有从附近海岸捡回来的贝壳。我收到的是泡沫塑料、石头和贝壳。

不过我也收到过贵重的东西。有一件用小贝壳制作的作品，至少值 3000 美元。当然现在的价格会涨得更高。还有一只猫咪藏在盛开的樱花树下的作品，这样的作品我收到过很多。

有一件已经过去很久的事情。我去纽约的时候，听人说有一件约瑟夫签名为“献给心爱的弥生”的作品，这是我以前卖掉的，如今已经落在了某某人的手里，如果我想买回来的话，可以跟对方谈价钱。不过我手上已经有很多约瑟夫的作品了，所以谢绝了这个建议。后来又听说这件作品出现在了拍卖行，当主持人介绍这是“献给心爱的弥生”的作品时，全场哗然，嘘声一片。

不知是因为年轻时的体验，还是原有的性格所致，约瑟夫平常的日子过得非常节俭。

他有时会给我钱，可我讨厌这样。因为他总是写一份详细的清单，告诉我应该去哪儿买什么，或者在这里要花多少钱。他还给我打电话，告诫我不许乱买东西，说这些钱只是让我花在颜料和伙食上的，不能挪作他用。

变成有钱人之后，约瑟夫购买了我的作品，大概是在粉红色的网底上画花之类的。就这样，他时常买我的画，把买画的钱直接给我。还跟我说这些画拿到诺亚·戈多夫斯基画廊去卖的话，可以卖到 3000 多美元。他竟然把如何转卖都告诉了我。他基本上是个不食人间烟火的人，不懂世上的游戏规则，也不懂男女之间的相处方式。

命运般的最后交谈

约瑟夫晚年因前列腺肥大做过一次手术，住在他妹妹家疗养。其间想见我，又开始不断地给我打电话。虽然他一再让我去看他，可当时我作为纽约头号艺术家，正在时代的前沿飞奔，一直超级忙，没时间搭理他。

虽然对约瑟夫有点儿愧疚，但我还是和他说了："我对你已经厌倦，我有自己的创作，还有自己的朋友，又要打理草间偶发艺术的公司，没事请不要老找我了。"结果他反问我："老找弥生的是谁啊？"

当时我与萨尔瓦多·达利[8]的感情很好，经常在世纪酒店一起喝酒。我和约瑟夫说："达利想见我时，可是开着劳斯莱斯来接我的，你也应该对最爱的恋人表示一下哟。"

话落还不到 5 分钟，一位年长的女性打来了电话：“弥生，我陪你一起去约瑟夫·康奈尔那里。”原来，约瑟夫好像拜托了这位收藏他作品的女性，请她带我过去。

稍后，这位女性搭乘奔驰来接我去约瑟夫住的地方。他妹妹的家果然也在长岛，是一栋坐落在宽阔的农田当中的小房子。约瑟夫就住在其中一个小间里。

我一进门，约瑟夫便喜极而泣，把我带到他房间的沙发上，然后跟往常一样，我们脱光了相互写生。雨水噼噼啪啪打在铁皮屋顶上。他说出去走走吧，于是就穿上了外套，带我去了一片安静的沼泽地，四周无人，我们激烈地拥吻。

约瑟夫从裤兜里拿出他那宝贝给我看。他问我能不能摸一下，然后拿我的手盖住那里。除此之外，他对我没有提出任何性要求。

我和约瑟夫的爱是柏拉图式的，非常神圣，上床是第二位的。

至今也不知有过多少次“这次真不想见他”“这次不去见他”，但只要一听到他在电话里高喊“弥生”，我最终都会被他打动，这样的情况反反复复。

不知是哪一次，我突然被约瑟夫从沙发上抱起来。他让我坐在他的膝盖上，就像逗小猫一样掐住了我的脖子。我感到很疼，心想是不是就要在这里被杀了呢？浑身打战。结果约瑟夫一下子跑进了卫生间，半天都不出来。我担心他是不是心脏停搏发作了，悄悄地打开了卫生间的门。我看见约瑟夫半身赤裸着，跪在地上嘟囔：“主啊，请宽恕我吧。”他一定是在全心全意地祈求原谅。他的心一定累坏了，在向上帝祈祷。这时从卫生间的窗户往外看去，长岛的上空晴空万里，天空的色彩我至今记忆犹新。

他是一位虔诚的基督徒，对性有严重的心理障碍，因为从小被母亲灌输了“女人是肮脏的”这一观念，但凡女人，绝对不能碰，而且还经常遭到母亲的粗暴对待。他的母亲很疯狂，对他尤其严格。也正因如此，约瑟夫似乎有些性无能。跟我交往的时候，他每个礼拜都去教会，有时也邀请我一起去，可我因为忙于表演与绘画，况且也确实没多大兴趣，所以总是托词不去。

约瑟夫因为前列腺肥大住进了医院，出院回家之后，丧失了对自己身体的自信，当时他是接近 70 岁的人，但看上去比实际年龄老 20 岁，与那些年过八旬还在为创作而四处奔波的野口勇、路易丝·内维尔森、路易丝·布尔乔亚等人相比，约瑟夫的老态实在惊人。

他嘴上老说：“我要制作弥生的裸体箱子，我要做！”他想把这当作人生最后的总结，还催我：“送给我照片，送给我照片。”可我忙于创作与事业，无暇顾及他。就在这些事情尚未完成的状态下，他突然去世了。

他站立着，“啪”的一下失去了意识，一直到清晨也没人发觉。晚上他心脏病发作倒了下去，就在神志不清的状态下与世长辞了。

当时我因故要去东京，约瑟夫对我说：“你要去东京？别去了，求求你。为了约瑟夫，留在纽约吧！”他一个劲儿地想拦住我。结果那变成了我们最后的交谈。一次命中注定的交谈。

在他去世之前，我们还有过其他类似的交谈。我说：“再干上 10 年吧，约瑟夫，怎么样？”他答：“我不知道自己是否还能活 10 年，我只想把弥生的箱子做出来再死。趁我还活着，赶紧把照片送给我吧。”

其实他有我的照片，但我不喜欢，一直想去照相馆拍一张更好的，但终究没能赶上。约瑟夫已经永眠了。

为了接近神的创作

他离世的时候，整个脸庞都萎缩起来，显得筋疲力尽。看上去好像已经 90 岁。

约瑟夫去世的时候，纽约的艺术经纪人给我发来了很多唁电。大都会艺术博物馆也寄来了告别式的通知。约瑟夫・康奈尔的亲戚也通过律师发来询问信函，问我他是不是留下了什么财产。

约瑟夫病危的时候，他的画变得非常值钱，亲戚们过去从来不搭理他，只有他那穷妹妹尽心照料他。因此我回信说约瑟夫没有托付任何遗产。

一般来说，有钱的男人一死，都会至少给自己的爱人留下一个农场。影星葛丽泰・嘉宝就是从情人那里得到了一大笔钱，才得以购买很多印象派的画。在这方面约瑟夫和一般的男人一样，留给我的遗产最多。无论是作品也好，还是沙子和箱子也好，这位吝啬鬼的确送给了我很多东西。

有一件事情我至今不忘。他家厨房的餐桌上铺了很多层塑料桌布，上面印的字是“欢迎来到牙买加”，那是一个十分朴实的家。

他把窗帘拉上，让房间的光线暗下来，一个人坐在角落里的椅子上忍受着孤独，一声不吭。他虽然经常用低沉的声音给我打电话，但实际上，他的创作量巨大，犹如创作了 100 年一样，而那些作品都是相当费功夫的。他从不在酒吧酗酒，一得空儿就去逛旧书店，找来一些旧的摄影集，把喜欢的图片小心地剪下来贴到板子上。他的贴图作品每一幅都是贴在 7 厘米厚的板子上的。

上了年纪之后，他很容易疲劳，请了一位年轻的男性雕塑家当助手，帮他完成重体力的工作。从那时起，他的手开始发抖。

约瑟夫每次到我家都会带一个空袋子，沿路捡木片、钉子、沙子，总之什么都捡。大家都以为我和一位流浪汉在一起。

我从约瑟夫·康奈尔那里学到了很多，受益匪浅。他是一个了不起的人。他的创作不是为了名誉与金钱，而是为了靠近主。天下没有比约瑟夫更单纯的人了。在我所有的艺术家朋友当中，他是最杰出的。

无论生活多么贫穷，他从来没有感到不安。即使明天身无分文，他也泰然处之。遇到这种情况一般人都会发慌，但他的想法是明天再说明天的事情吧。

我忘了是什么时候的事了，我问他："你对死有什么想法吗？"他回答："死一点儿都不可怕，就像从这个房间走到隔壁的房间一样！"

我打心底里尊敬约瑟夫·康奈尔，也非常感谢他对我的关爱。

约瑟夫为我写过很多诗。其中有一首附在用绳子缠着蝴蝶的拼贴作品上——

为我回来跳舞吧　春天的花
我为你打一个结
就像一只蝴蝶那样
我试喝了你喝剩下的杯中物
现在　我为弥生干杯
敬我日夜思念的公主

1. 马克斯·恩斯特（1891—1976）：德国雕塑家、画家，达达运动和超现实主义运动的领军人物。
2. 洛特雷阿蒙（1846—1870）：和雷蒙·鲁塞尔、奈瓦尔都是法国诗人，三人都对超现实主义有重要影响。
3. 马塞尔·杜尚（1887—1968）：法裔美籍画家、雕塑家、作家、国际象棋手。他是20世纪实验艺术的先驱，与立体派、达达主义、观念艺术、超现实主义这些艺术流派息息相关，被誉为“现代艺术的守护神”。他与毕加索和马蒂斯一起被公认为引发20世纪初“造型艺术”革命性发展的三位艺术家。
4. 巴尔蒂斯（1908—2001）：波兰裔法国画家，以描绘青春期少女的作品而出名，也因此受到争议。
5. 拉利·里维斯（1923—2002）：美国犹太艺术家、音乐家、电影制作人，被许多学者称为波普艺术的“教父”。
6. 弗兰克·斯特拉（1936—　）：美国画家，作品受抽象表现主义影响，是20世纪60年代极简抽象艺术运动的领导者，也是第一批运用立体画布的画家之一。
7. 长屋：日式两层简易小楼。
8. 萨尔瓦多·达利（1904—1989）：西班牙加泰罗尼亚著名的超现实主义画家，与毕加索、马蒂斯一起被认为是20世纪最有代表性的三位画家。

唐纳德·贾德

穷困潦倒时的相遇

首先让我介绍一下唐纳德·贾德的履历。他 1928 年出生于美国，就读于哥伦比亚大学研究所的时候，作为艺术评论家为草间弥生的出道创造了机会。后来他转向创作活动，成为美国具有代表性的极简艺术家。

我刚认识唐纳德·贾德时，他还是艺术史学家迈耶尔·夏皮罗的学生，正在念大学，是一个干净又诚实的帅哥。他读研究所时，到处写评论打工，日子还能过得去。我在布拉塔画廊举办个展时，他来参观，肯定了我的绘画才能，还说看了我的画非常感动，对我赞不绝口。贾德在他的评论集《特殊物件》（*Specific*

Objects）中也谈到了我的作品，文章写得很漂亮，观点新颖。他为我成为艺术界明星做出了很大的贡献。

贾德的父亲是新泽西爱迪生能源公司的高管，家境富裕。但他希望自立，便一个人到纽约打工，从事艺术评论工作。我去他的住所时，有时干脆在他那里借宿。我说："你去当个画家或者雕塑家不好吗？"结果他回答："我正在画呢。"当时他拿给我看的都是一些小幅行动绘画，和他后来画的作品完全不一样。

他问我下城区有没有空阁楼可以出租，我问了一位在詹妮思画廊（Sidney Janis Gallery）工作的黑人秘书，据他说隔壁的三层楼现在是空的。贾德特意去看了房子，觉得喜欢，于是当即就签了最高的一层，而我搬到了他的楼下。当时他刚从哥伦比亚大学研究所的哲学专业毕业。

遇见约瑟夫之前，贾德和我都没有钱。每次回老家，他都会带一大堆自家制的水果点心给我。我没钱的时候就向他借，他没钱的时候就向我借。我们的关系就是这样，挺合拍的。

蔬菜最便宜的莫过于洋葱和土豆，但贾德最不喜欢洋葱，我每天只要一用洋葱做菜，他就会生气。我打开窗做饭，炊烟就会飘进他的屋子，他便对我大骂："我有多讨厌洋葱，弥生你又不是不知道。屋子里一有洋葱味儿，我就连字都写不了！"

我们两人都置身于贫困的谷底，贾德没钱买物料，就从爱迪生能源公司的施工现场拿回来散落的木头，以此完成雕塑。我隔窗为他放风，一旦有警察来了就马上通知他。两人一起出去捡东西的时候，只要一来警察，我们就假装热吻，警察也就走开了，似乎是在说："我可是纽约的警察，谁会管你们这种事呀？"我们与其说是拿，说穿了，还不如说是偷才对，感觉做得有点儿过了。不过其实在当时的纽约，每个人都在做贾德那样的事情，路易丝·内维尔森也是，每个人用的材料都是自己到处捡来的，也有偷来的。

贾德后来改用马口铁创作。这也是因为他有了一些钱，可以买到材料。最开始，他用的是捡来的木头。

极简派的领军人物

贾德最初完全不知道画什么好，因为他起先只是一名评论家。虽然他说他自己也在画，但拿给我看的都是行动绘画，大概只有我一个人看过。那些画很差，难以和后来变得那么优秀的贾德联想在一起。但凡行动绘画的创作者，一般都是以最潇洒的姿态，画出让顾客最想花钱的作品，可贾德并非如此。当时他让我看了 20 幅 20 × 20 厘米的小幅作品，是他刚起步时画的。后来他搬到下城区的阁楼以后，风格逐渐发生变化，直至最后驰名世界。

他原本是评论家，所以能说会道，很会用理论包装自己。不过他有点儿懒，也不清楚自己应该做什么。但也恰恰因为如此，他才建立了极简的风格。他绞尽脑汁，才发现一个什么都不装的箱子即是单纯的造型。

自从作品进入利奥·卡斯泰利画廊之后，贾德就一路飞黄腾达，名声大震。后来他开创了极简主义风格并成为领军人物。但是他不喜欢自己的作品被人称为“极简艺术”，自己造了一个词叫“特殊物件”。当时他撰写的文章也变成了这一流派的经典。

与画家相比，评论家有时更占优势，所以即便贾德只是做了一个空空如也的箱子，也能运用理论武器，拿出一副“看你怎么对付”的态度，让所有人都无法招架。而很多艺术家就算有能力，也不善于表达，并且往往越是天才越会这样，像大卫·史密斯（David Smith）[1]这样的人，什么都不会说。就连约瑟夫·康奈尔对自己的画也没解释过什么。他们之所以画得好，其中一个原因是画家本人不善言辞，所以通过画笔来表达。

贾德也精通艺术史，所以他应该是可以判断自己作品的好与坏的。他在不断改变自己，最终作品竟然能变得那么好，我很佩服他。

他婚前有一位女友叫多丽丝，是我介绍的。后来认识了一位时装模特一样的美女并结了婚，有了两个孩子。不过太太去瑞士旅游时和另一个美国男人好上了，这件事激怒了贾德，他连杀人的心都有了。他住到了得克萨斯州，据说在那个州杀人不会被判死刑。

再后来就离婚了，也没有再婚，意思是已经受够婚姻。太太去海外旅游和其他男人一拍即合，要求离婚——在贾德看来，这个世道太坏。他决定自己带孩子，于是离开纽约搬到了得克萨斯州，对我说喜欢那里什么都没有的感觉。在杳无人烟的地方买下一块土地，盖了一座美术馆，其中也展示我的作品。

他的家很夸张，完全把他的艺术哲学移植到了日常生活之中，装潢和书柜这些全是按照他的构思请木工打造，一切都是统一的风格，可以说是建立了一套生活模式。得克萨斯州是个不毛之地，亏得他也能住下来。但对贾德来说，好像那里反而是最合适的。

1. 大卫·史密斯（1906—1965）：美国抽象表现主义雕塑家，是最早创作金属焊接雕刻的人之一，以大型抽象几何雕刻闻名。

安迪·沃霍尔、大卫·史密斯、赫伯特·里德

安迪是好的对手

我住在东十四街404号，这栋楼里住了克拉斯·奥登伯格、拉利·里维斯还有约翰·张伯伦（John Chamberlain）[1]。一层是美容院，二层一间大工作室是我和约翰·张伯伦两个人公用的，三层住着奥登伯格，四层住的是拉利·里维斯。

过后不久，拉利·里维斯用20万美元把我们住的第三大道街角的那栋楼买了下来。奥登伯格也变得有钱了，买了新家搬了出去。由于事业上的发展，我也搬到了格林尼治村最热闹的地方，挂出去的招牌是“草间工作室”。

后来隔了很久，我重返纽约去看了一下大家住过的楼，那里变得像贫民窟一样。开车送我去的司机说："这里房地产的价格每平米每天下跌5美元。"楼外面有黑人开枪留下的弹痕，流浪汉扎堆在这里睡觉。当初我们在的时候，这条街是很漂亮的。

我跟安迪·沃霍尔很熟。安迪的事业刚起步时，还没有现在这么有名，他打电话和我说："我想用弥生身上画满波点裸睡的那幅照片做成绢版印刷，你觉得如何？"

安迪的工厂和我的工作室很近，我们两个人非主流艺术家的公众形象也差不多。我们两间集中在纽约的工作室真可谓分庭抗礼，吴越同舟。

我在自己的工作室就是蜂后，周围全是很帅气的男同。我增设了许多小房间，请那些想在男同裸体上画画的客人按照号码指名。这里能被指名的人有正式拿薪水天天上班的，也有只要我一打电话就会过来的，加起来总共有400多人。

安迪那里也聚集了一大批漂亮的模特，我们相互比赛，看谁能召集更多的俊男靓女。在安迪那里工作的模特和我这里的模特经常互相串门。

安迪的周围不仅有名门的爱女，还有让人眼睛为之一亮的美女和男同聚集。相比之下，我这里大多数是《纽约邮报》的独家娱记，或者是成为男爵养子的同性恋。这些都是哥伦比亚大学研究所哲学系毕业的詹姆斯·克拉搭安排的。

还有一件事，当罗伊·利希滕斯坦（Roy Lichtenstein）[2]亮出他那种绘画作品时，安迪大喊："完蛋了！完蛋了！"因为他原本打算要画的风格已经被罗伊抢先了。

度量超大的史密斯

大卫·史密斯有时会到我这里来玩，一起看根据谷崎润一郎小说改编的电影《键》，后来我们变熟了，有时一起玩，也一起吃饭。

他以前在铁道部门工作，是制造机械的工人，因为对美术有兴趣，所以后来创作出了有超强表现力的金属雕塑作品。他本身是工匠出身，对焊接铁板非常熟悉。

约瑟夫·康奈尔也是很杰出的人，但大卫·史密斯更像男子汉，他度量很大，有超强的包容力，简直就是海明威《老人与海》里面的男人。

他是百分之百的平民百姓，看起来没有什么艺术气息，但的确是一位杰出的艺术家。世上有一类艺术家是不会散发艺术气息的，不仅如此，有时看上去完全不像艺术家。他挺着个大肚子，走路的样子很俗气，还不时地咳嗽。

他说话也和别人不太一样，会一针见血、毫无保留地表达自己的想法，但对我是很客气的。

史密斯个性沉默，至少我没听过他说自己的事情。我对他的印象是抽烟抽得太多，行动缓慢，不太愿意和别人搭话。约瑟夫·康奈尔总是口若悬河，但史密斯却沉默寡言。他是个好人，叫人觉得把一生交给他都没问题。

英国贵族的引领人物

不论怎么说，评论家赫伯特·里德都是这些人里最英俊的。里德获得过伊丽莎白女王封给他的骑士称号，他住在南英格兰的城堡里，品格很高，与称号相匹配。

赫伯特·里德在评选“当代美国新锐创作展”的参展作品时发表过演说，夸奖草间弥生是其中最优秀的一位，报纸上也刊登了相关的报道。当时我正患焦虑症，没能亲自到场，这让我很遗憾。但没想到后来赫伯特·里德特意来参观了我的个展。

1966 年我去英国，当时有一个机会到赫伯特·里德的私宅拜访，一个非常宽阔的庭院，还有好几处温室，哪怕是冬季也能采摘西红柿和黄瓜。我们两人进到温室，里面栽培了很多不同品种的覆盆子。他希望我帮他从日本弄些松茸的种子，可我当时没放在心上，一直觉得很内疚。

赫伯特·里德为我举办了一场宴会，来的全是住在城堡里的人，我和这些伯爵、子爵一起合影留念。那里有马厩和马夫，当然还有马，完全是英国贵族的生活。

里德家里有一架很大的钢琴，他的夫人偶尔会演奏，我想这是夫人的兴趣。不知里德是因为写评论而闻名世界，得以维持这样的生活，还是因为夫人家里很有钱，或者他本人就是个有钱人，总之他的生活非常奢侈豪华。家里有秘书、女佣、园丁和马夫。他常去伦敦，与伦敦的上层社会交往密切。赫伯特·里德是一位十全十美、魅力四射的人。

画家阿道夫·戈特利布（Adolph Gottlieb）[3] 经常到我这里来玩，我的工作室有一把《性爱执念》（*Sex Obsession*）系列的椅子雕塑，他买了下来，还带我去了唐人街，一起看电影。他是一位性格温柔的人，曾经问我他楼下有一间房间是空的，要不要搬过去，对此我曾一度动过心。

1. 约翰·张伯伦（1927—2011）：美国雕塑家，因使用废弃钢铁制作雕塑而闻名。
2. 罗伊·利希滕斯坦（1923—1997）：美国画家、波普艺术大师，他的创作深受漫画和广告文化的影响。
3. 阿道夫·戈特利布（1903—1974）：美国抽象表现主义画家、雕塑家、版画家。

第五章

回归日本——世界的草间从日本发声

1975—2002

日本与纽约的落差

将近 17 年的纽约生活让我收获极大。在绘画、雕塑、装置、偶发这些前卫艺术领域中，“草间弥生”已经发展成为一个不可动摇的存在。

不过通往目的地的路当然不会是平坦的，每天紧张、不安、兴奋与抗争接连不断。作为一名艺术家，充实感来自永不停歇的创作，但同时又有阻挠创作的紧迫感，我每天都在充实与紧迫这两种感觉之间剧烈地摇摆。

以偶发艺术为契机，以往仅仅限制于工作室内的创作，现在可以在空间、经济和表现手法上尽情发挥，领域变得非常宽泛。偶发艺术的主角是大众，得到的反馈即兴而直接。另外，通过媒体的报道，想要传达给大众的讯息也扩散得很广。偶发艺术不仅仅存在于发生的瞬间，还能流传得更久远。

我一贯追求的是把视觉与幻觉所产生的片断印象捕捉下来，并以此为创作的根源。为了顺应时代，为了把我的思想艺术化，我不择手段。我连续做出了“狂欢派对”“性解放”“同性恋革命”“中性时尚”等多项策划。另外我也写剧本，写了用美国国歌当序曲的音乐剧，还把日本八岐大蛇[1]当作性图腾写入音乐剧。并且把星条旗做成了礼服。

我把自己的思想付诸行动的过程中，几乎违背了社会所有的规则。我进过监狱，接受过法院的判决，还遭到FBI的追捕，我的纽约生活就是一座异彩纷呈的人间剧场。站在帝国大厦的顶楼眺望，在纽约独有的蒸腾的热气中，我被个人与社会、生与死的“翻花绳”般的纠葛所深深吸引，欲罢不能。我要用艺术家的手段开拓自己的未来，掀起革命，打造出我所认知的社会！

另一方面，这么做也是让我摆脱心身疾病、争取自我康复的一个手段。因此在艺术分类方面，社会上所谓的既定权威和流行观念与我的内在没有任何关系。比如，类似“行动绘画和波普艺术很流行，明天赶紧改换风格吧”，这种行为我不能忍受，我的创作不能像百货公司橱窗摆设那样随意。

对我来说，自己仿若一只蝴蝶，为了寻找葬身之地而飞进荒山野岭，或者像一只到死丝方尽的春蚕，或者犹如一朵变化着绚烂的身姿以展示自己生命力的花一样。我恰好活在这个时代，并全力吸入时代的气息，面向未来绽放出一朵鲜红之花。

然而对于我的祖国日本而言，无论在哪个时代，这朵花都注定是异端，只要回顾一下历史就再明白不过了。我要做的事情和想完成的策划，也不知为何，全被误解、被当成丑闻和指责的把柄，并且我做得越认真，外界的反应就会越糟糕。

在我看来，面对社会就是要做出前卫的姿态，因为日本在体制以及规则上总有一道厚厚的坚如磐石的墙壁。团体虚伪的人性、对政治的不满、战争致使的人性丧失与混乱、媒体暴力以及公害等，种种事态令我十分痛苦。人类精神的退化总是遮蔽了我们眼前迎向未来的阳光。

前段时间，我在纽约弄坏了身体，暂时先回日本。1975 年（昭和五十年）我住进了新宿的医院，当时同时患有三种疾病。

我原本打算休息一段时间之后立即返回纽约，所以也没有清理美国的住所。可我的视觉变得很差，总觉得光线刺眼，常出现幻觉，总是莫名看到蓝、红、白三种颜色在眼前转来转去。我和医生沟通此事，可医生也说不出原因。于是我决定留在日本生活。

刚返回日本的时候，我觉得日本与纽约的落差实在太大，简直郁闷死了。无论是日本的一般社会还是媒体，依然非常守旧，这点令人难以置信。不过我毕竟是离开了 17 年的人，与每天生活在这个国度、对一切习以为常的人相比，我对日本的变与不变都容易留下印象也是一件理所当然的事情。穿过时光的隧道，看见眼前突然闪现的光景，久违的日本让我产生很多思考。

有时我会把旅行欧美各地时所得到的社会印象与日本相比较，觉得日本和那些国家差距很大。比如，抵达日本的当天，车站的台阶上人潮汹涌，令人不舒服，当我反过来仔细观察每一个人的时候，其表情与服装没有丝毫个性，与我想象中的日本人截然两样。偶尔发现比较亮眼的人，但其服装全是美国和法国时尚的山寨版。

这些人一个接一个地消失在狭小拥挤的街景深处，不知去向。房间里有电视，相同的电视广告在不定期播放，他们的生活方式、思维方式如出一辙，每个人都像生活在远古时代，毫无个性可言。

走在马路上，让人困惑这到底是哪个国家。失去了个性与美的、看上去十分奇怪的建筑物全部挤在一起。这里既不是意大利，也不是法国，更不是美国，甚至连日本都不是。

日本失去了传统的美感，现代的日本很丑陋。我不希望日本变成这样。

进步与现代化未必给日本带来了幸福，反而是人心与自然已经被公害与噪声给彻底搅乱了。在这个过程中，他们并没有发现自己的心已经逐渐搁置荒废了。

我到处走，想寻求日式的宁静、美丽的自然、细腻的人情、厚道与质朴，我的眼里揉不下沙子。但是，我深深地感到日本成为经济大国之后，失去了很多。

这类事情不用我这么一个浦岛太郎[2]说，很多评论家都经常会在报纸和电视上谈论。尽管如此，这些现象还是会以非暴力的方式继续扩大。我越来越觉得日本的政治不是为了服务民众，而是政客与资本家欺骗大众的把戏。

面对这样的现状，文学家、艺术家还有一般民众，到底是如何反应的呢？我在街上看到的日本群众依然保持沉默，无表达、无表情。他们在重大的危机之中，随着不景气、通货膨胀和恶政的浊流而随波逐流。

我对东京已经绝望，于是返回故乡。有一次去百货公司购物，那里让我大吃一惊。这是在日本吗？我都不敢相信自己的眼睛了。

在服装销售区，所有的商品介绍都是直接从英文转成片假名，或者是直接用英文表达，哪怕商品本身是中国制造的，标牌也用英文写。音乐也是纽约的摇滚乐，泛滥成灾的外文和舶来品多到让人生厌。

分明是把衣服卖给山区城镇的妇女，但为什么非要这样做呢？难道是她们都忘了日语吗？或者干脆说这里是美国的殖民地？所有这些在我看来，全是劣等感的显露！

日本阿尔卑斯山的脚下有一处安静的食堂，我坐在那里添了一碗米饭，结果店员跟我确认时说的是："是 rice，one 吗？" 我问卫生间在哪里？对方的回答是："是 toilet 吗？"

打开电视，英语泛滥成灾。明明是日本商品，但广告做得像外国商品一样。我从常年习惯于讲英语的国家回来，为了跟上这一社会现象，甚感筋疲力尽，真是受够了！每次一遇到英语，总要停顿片刻，然后才开始明白是什么意思，"原来如此"，实在是太费事了，但也无奈得很。我就像一个从纽约回来的乡巴佬一样，对日本的现状困惑不解。

为父亲过盂兰盆节时，我回了一趟故乡。在回程的路上，回首望去，墓碑已被洋槐树层层环绕，积乱云犹如一朵巨大的芙蓉绽放。我像触摸到死者的灵魂一样哀叹。

时隔十数年的故乡，我回来了。这是我朝思暮想的故乡，我那精力充沛的父亲上了年纪，已经去世，我再也见不到他。很多朋友、亲人也都已离开这个世界。自从我去了美国，我们就永久地分别了。很多同学也已下落不明。

过去的小学旁的堤防和小河早已变成混凝土，鱼也没有了。过去游过泳的河流已被工厂的废水污染，浑浊不堪。我像浦岛太郎一样长年流浪在外，回到家时深感岁月的空白与孤独。故乡变了，大自然的群山因为修路而被狠狠地削掉了一大片，从山脚一直到山腰，变得面目可憎。

面对 17 年不见的日本，面对东京以及故乡，我感到了彻底的失望。

1. 八岐大蛇：日本神话中有着八头八尾的大蛇，体内藏有一柄传说中的宝剑，爱喝酒，每年要吃一个献祭的少女。
2. 浦岛太郎：日本民间故事的主人公。浦岛太郎救了一只神龟，神龟为了报恩，将他带去龙宫。他接受了龙宫公主的热情款待，临别时公主送给他一个玉盒，并嘱咐千万不能打开。回家后，浦岛太郎发现人事已非，才知道原来他在龙宫待了几天，陆地上已经过去几百年。他忘记约定，打开了玉盒，于是自己瞬间变成了老翁。

神秘的故乡雪

然而经过一段时间之后，这样的印象逐渐发生了变化。是在故乡松本过年让我改变了看法。

看到久违的信浓雪景，我涌出一种异样的情绪，甚至觉得自己是在做梦。眼前飞雪飘飘，我伸手抓住一片雪花仔细端详，20多年前的记忆被再度唤醒，犹如返老还童一样，内心雀跃起来。

在全球旅行过程中，我看过很多国家的冬天。德国的雪景是宁静的，荷兰的雪景伴随着狂风，看上去就和伟大的画家老彼得·勃鲁盖尔（Pieter Bruegel the Elder）[1]笔下富有戏剧性的背景一样。有一年冬天给我的印象最深。我搭乘的火车从意大利的米兰出发，沿路观看科莫湖，进入瑞士国境后，山区的雪景尤其漂亮。

在旅游缆车上一边喝着热柠檬红茶，一边看着雪山的景致从火车两侧徐徐展开，真是叹为观止。

当时我在意大利的个展正好刚结束，便搭乘火车在欧洲各地旅游。时间再倒退一下，我从荷兰的阿姆斯特丹出发，与一位意大利女建筑师一起，两人开车越过瑞士的山脉。在汽车的后备厢里和后座上都装满了我们从各地搜集到的作品，全是国际最前卫的画家的作品。那时我们正为参加意大利主办的国际展而挑选作品。

意大利展非常盛大，有很多一流的画家都参加了。可准备过程是很辛苦的，当我们为了工作而翻山越岭前往意大利时，那里已经进入严冬。大雪纷飞，公路的一边是耸立的山峰，另一边则是万丈深渊。开车的新锐女建筑师霸气十足，她开朗活泼，设计出来的作品比男人设计的还大气。

我们在车里大声唱歌起哄，一路纵贯欧洲，也不管时速达到了多少，结果因为超速被警察拦截了好几次。手握方向盘的她光听摇滚乐还不过瘾，从头到尾问我要不要一起唱，还要我一路陪她说话。她开车开得太累了，如果不跟她说话，也许会出事。

车开了很久，在七弯八拐、险峻无比的山路上开得飞快。我们喝热咖啡，大声乱聊，聊艺术、聊文学，两人必须拼命地说才行。一旦我开始犯困并且不吱声，她就吓唬我：“弥生，怎么了？快说呀，接着说呀，我要是睡着的话，这车就会掉到山崖底下去了。”

车只要稍微一打偏就会坠进山谷里，那么一切就都完了。大雪让人看不清路灯，唯一可以依靠的只有车前头的大灯。周围漆黑一团，只有我们两个女人。我们把手枪藏在了车里，彼此确认一旦发生什么事，就必须用这个。然后，继续那趟翻越阿尔卑斯山的漫长欧洲之旅。

车头大灯映照出瑞士溪谷的壮观，我一边看一边想起了故乡信州。信州被称为日本的瑞士，现在信州和这里一样也是冬天。不知好友们和家里人都怎么样了。小时候留下的对日本阿尔卑斯山雪景的印象隐约从心底浮现。从松本车站走向世界之后，我在世界画坛上忙得废寝忘食，很难满足自己返回故乡寻找安静的愿望。

我在全世界奔波，却失去了返回日本旅行的机会。每天搭乘飞机、火车、船舶、汽车去美术馆，去公开的国际展、美术学校、市民会馆以及大学里开展的美术讲座，上电视节目，来往于各国之间。回到松本，坐进暖桌里、吃年饭、远眺钵伏山……这些从未想象过的事情在现实中发生了。对我来说，这就是我的偶发人生！

不过，重返昔日启程的松本车站，我的感受并不是像常年印刻在内心里那被白雪覆盖的神秘的故乡一样，我似乎产生了错觉，觉得自己犹如混入了东京池袋街道以及新宿地下街的人群之中一样。我只是一个与此地无关的过客而已。面对故乡由于都市化而发生的变化，我一方面感到高兴，一方面又为找寻信州之美而四处奔波。这些都引发我思考。

正当内心空虚的时候，银粉般的雪花从天而降，似飘如飞，覆盖大地。看到这眼前的美景，我想起在翻越瑞士的阿尔卑斯山时内心所浮现的故乡。这里就是我的归宿，神秘莫测，令我动容。

我一边走，一边寻找冬天。为了撰写一首高原的诗，不停地走在河岸上和田野上。远眺天际，在大理石色的天空下，流风回雪，银雪背后是一片山中烟云。我久久地看着。

纽约的生活是美国文明的象征。那是一座喧嚣的大都会，是光彩夺目的文化熔炉，而我恰恰就生活在其中。那里什么都有，从阿瑟·米勒和杜鲁门·卡波特的作品，到莎士比亚剧场上演的陀思妥耶夫斯基原作改编的《白痴》，到“垮掉的一代”聚集的剧场的剧目，我每天轮番欣赏。

将近 80 岁的葛洛丽亚·斯旺森依然在舞台上闪耀，看完百老汇《蝴蝶小姐》(*Butterflies Are Free*)，她那全身心奉献给表演的精神，令我敬佩不已。可可·香奈儿是一代女杰，她引领了巴黎的时装界，我也看了根据她的经历改编的歌舞剧，每天晚上都沉浸在戏剧之中。

那段时期，但凡美术馆有什么展览或者画廊有什么个展，我都会去看。从埃及艺术到新艺术[2]，乃至于美国的工艺美术运动[3]，我的研究热情不减。

好学的劲头越来越大，我到第五大道的纽约市立图书馆和哥伦比亚大学附属图书馆，把希腊神话到莎士比亚借了个遍。我扛着重重的书籍画册，坐地铁返回工作室以后彻夜研读，一直读到天亮。天色转白时我才发现："啊！天亮了吗？"然后离开书桌，到厨房喝一杯咖啡。咖啡鲜香可口，美味无敌。

我在纽约的生活就是这样，天天都在创作、读书与看戏之中度过。我不知道那是不是一种病，甚至不知不觉已病入膏肓，到最后干脆自己写起了音乐剧剧本，还创办了一家音乐剧的制作公司，召集了很多的团员——成立了所谓的"草间舞蹈队"。

我自编自导的戏剧和偶发艺术是在纽约排名前三的大剧场菲尔莫东演出的，吸引来的观众有 4000 人，连 B.B.King[4] 和米克·贾格尔（Mick Jagger）[5] 都曾经在这里演出过。首场演出的时候，我很不巧地发烧到了 39 摄氏度，表演结束时，我在后台都快要瘫下来了。

另外，我还应邀出席纽约的大学艺术节，以及专攻美术文化的知名学府如社会研究新学院举办的艺术节。我借由自己总体的艺术概念，把偶发艺术、时装秀还有戏剧都展示给艺术院校的学生和其他大学的学生看。

当时有很多学生到我的办公室借资料，他们是纽约大学美术专业的学生，毕业后会当高中美术课的老师，都是好学的年轻人。他们用艺术和哲学的方式教授我的偶发艺术。

然而，在看待我的艺术时，日本的周刊杂志采用了 180 度完全不同的视角，他们从纽约的日本艺术家那里道听途说，对我进行歪曲报道，其中全是不实的内容。结果我的母校松本女子高中有人读了这些报道，开始为了把我从同学会中除名而四处奔走。

我回到了故乡，听说很多好友家也有热心于除名运动的人上门要求联名签字，乡下人的如此心态真叫人无语。我以自己的生存方式一路打拼，对这样事态的发生也是有心理准备的。这就是前卫艺术家的宿命。

1. 老彼得·勃鲁盖尔（1525—1569）：荷兰文艺复兴时期画家，以农民画和风景画闻名。
2. 新艺术（Art Nouveau）：19世纪末到20世纪初在欧洲和美国盛极一时的艺术风潮，对建筑、家具、服饰、绘画、平面设计等众多领域都有影响。强调自然风格，在装饰上突出表现自然形态的有机曲线。
3. 工艺美术运动（The Arts & Crafts Movement）：19世纪下半叶起源于英国的设计改良运动，是对当时的工业化的巨大反思，倡导手工生产和自然主义风格。
4. B.B.King（1925—2015）：美国布鲁斯音乐家、吉他手、作曲家。
5. 米克·贾格尔（1943—　）：英国摇滚歌手，滚石乐队主唱。

超凡脱俗的艺术家

我在纽约的时候一直忙于绘画和其他艺术，忙得团团转。即使到了冬天，也没空静下心来欣赏雪景。整日被国际展的截稿日和制作期限追着跑，夜以继日地工作。我每年都盼望能有一天放松自己，到布鲁克林植物园观赏日本的樱花，回忆一下故乡的春景，可最终还是未能如愿以偿。

别人说我是艺术狂、工作狂。一旦投身于艺术，日子就会过得飞快。

我太前卫了，总是提前 10 年、20 年走在别人的前面，因此也常常被人误解。纽约有很多从日本移居来的艺术家，有的人连办个展都很困难。日本人有一种特殊的岛国劣根性，尤其是从日本来的美术馆的人和记者，总喜欢对别的艺术家百般挑剔、说三道四、夸大其词，也不管别人是否会感到困扰。

他们对艺术毫无自信，只顾自己的利益，个人主义严重，心胸狭小，只顾一个劲儿地宣传自己，对纽约其他的艺术家评头论足。这种像三姑六婆一样的挑拨是非的大和男子，实在很难想象他们也会雕刻石头，干出有男人气概的事。只能让人一脸苦笑罢了。

我长年生活在纽约，随处能感到美国与日本的不同。美国艺术家不管是作为一个人，还是作为一个社会人的“成熟度”经常令人刮目相看。在美国大陆孕育出来的艺术家的心胸值得我们敬重与学习。

我在美国、欧洲和加拿大见过数百位艺术家，大家彼此互助，相互尊重。一路走下来，我发现这与自我的精神解放是息息相关的。

我在世界各地旅行，最让人享受、愉快的是能结识到优秀的艺术家，能看到很多精美的艺术品。瑞士、德国、荷兰、意大利、美国……无论是年岁大的，还是默默无闻的，随处都能见到创作出优秀作品的艺术家。

从欧洲的小镇到瑞士的山里，从意大利的老街到巴黎的郊外，我拜访了很多世界著名的艺术家的工作室，亲眼看他们如何工作，和他们一起吃饭，探索他们的工作现场，度过了愉快的时光，这些友情我至今不忘。

我几乎看过所有国家优秀的风景画与静物画，如果堆积到一起的话，大约会有一座山那么高，但返回到久违的家乡时，钻进暖桌，看遍了整个屋子，突然感到哑口无言。墙上的素描画歪七扭八，连外国美院的学生都比这画得好。还有一些比三流画家打夜工卖艺的画还糟糕的风景画，无论是资历、知名度还是画画的才能和独创性，都近乎于零。我母亲一直花大价钱被人煽动着买下了当地画家的一些画，其内容也不过如此。我估计这些画任何一幅的价钱都可以在瑞士或纽约买下好几幅某某人的优秀作品。

我收藏的作品来自轰动一时的意大利的皮耶罗·曼佐尼、美国的世纪艺术家约瑟夫·康奈尔、历史留名的伊夫·克莱因以及席卷欧洲美术界的卢西奥·丰塔纳。这些作品比我家在松本购买的雕像和原画要便宜很多。

我的收藏里还有历史上著名画家的作品，他们的大作花十几万日元即可到手。有的甚至还在神田旧书店的画册上刊载过。其中有具象的风景画，也有抽象的风景画。长年游走于世界，所见所闻让我打开了眼界，丰富了见识。我毕竟是见过世界上好几万件艺术作品的人。

况且，经过了近 20 年的岁月，再度体验到飞雪的神秘，也让我明白，松本即便已被都市化所污染，但只要用心寻找，还是会发现很多美丽的山林以及其他令人心驰神往的大自然风景。

比如，在原野上随风摇曳的枯草，夜晚的庭院闪现出一道深邃无限的光芒……最让人心动的是雪花的随意变化而引发的空间性的动态趣味。

信州的冬天很美，银白的雪一望无际，朝阳普照其上。山连着山，山脊由紫变绿，杉林被厚雪压弯了腰。眺望前方，眼前犹如银色的画卷。阳光是从背后照射过来的，山脉的银雪被分解成了闪烁的光，扩散出亿万条锐气，劲射到四面八方。湛湛蓝天，永无边际，犹如穿透到了宇宙的最深处。

夏天也有夏天的美丽。天上的白云在小河的水面上静静地移走，小鱼的鳞片在阳光下闪烁，积乱云在天上膨胀，犹如一朵盛开的芙蓉花。

秋有秋色，崇山峻岭被金丝银线所覆盖，红叶如漆，重峦叠嶂，有的树叶已开始泛黄，在夕阳西下时逐渐调换色阶，光是这一景致就价值千金！

春天，樱花沿路绽放，落樱吹雪，分散零落。走在樱树下，花瓣会不作声响地飘至脸颊。大自然不会老去，它把控了春夏秋冬四季的循环，不断拓展美的疆界。

信州只能用“绝品”一词才足以形容，拥有这样的心灵故乡是我最大的骄傲。与故乡亲朋好友的温暖交流让我得以治愈。人情比风景更美。

过去我抛弃了故乡，启程飞往美国。在完全意想不到的情况下，我又重新被故乡的人们接纳了。不过，在此一直被别人照顾并不是我的作风。

与日语重逢

我在东京很快就开始了猛烈的创作。这个东京已经不再是以前那个简单的东京了。我住进了一家对探视者开放的医院，在医院对面设立了一间工作室，每天来往于医院与工作室之间，持续地创作。

医院的生活是很有规律的，清晨 7 点量体温，晚上 9 点就寝。我每天上午 10 点进入工作室，一直创作到傍晚六七点。因为这样可以很专心，所以自从返回日本之后，我创作了大量的作品。

1975 年 12 月，我在东京的西村画廊举办了回国后的第一次个展，取名为“从冥界传来的死讯”，展出了很多拼贴作品。

拼贴还是我去美国之前、在松本的时候就很痴迷的一种艺术形式。我曾经剪过很多碎纸片，也组装过拼图，或者收集一堆石头装进箱子里。我家后面就是河岸，每次不仅跑去把石头一块块垒起来，还计算每块石头的间距，乐此不疲。其实，我在开始创作之前，早就有了这般“反复”的视角，后来一直发展成为我的艺术表达概念，即“反复与增殖”。

1975 年我创作了拼贴作品，1979 年开始版画制作。我过去对版画这种手法没有太大兴趣，可是自从认识了绢版印刷大师冈部德三以后，就开始了绢版印刷，后来也一直坚持这么做。1984 年，我与木村希八[1]先生合作，尝试了平版印刷和蚀刻版画。

举例来讲，我在 1995 年以自传性的主题集中创作了蚀刻版画作品。其中有一幅叫《纪念照》的作品，展现的是 14 位女性排在一起的构图，而这 14 位的画像全是我的自画像，表达的全是我自己。

就这样，我不断地挑战新的表现手法，通过把它们内化的方法，持续拓展“草间弥生的艺术世界”。

作为这些活动之一，1978 年（昭和五十三年）我出版了第一本小说《曼哈顿自杀未遂的惯犯》，出版社是工作舍。

我不到 10 岁就开始画画了，写作也是从小学开始一直坚持下来的，过去还在长野县的作文比赛中得过奖。到了 20 岁左右，我写了很多诗歌和小说，有一段时间在当小说家还是艺术家之间犹豫不决。

对我来说，无论是用艺术表达，还是用文字表达，从根本上是一样的。两者都是开拓崭新精神领域的方法。不管哪一个，我追求的始终是前卫。

自从 1957 年到了美国之后，我一直都以世界前卫画坛的领军人物身份全身心地投入到艺术活动之中，在世界各地东奔西走。那一时期当然是用英文说话，用英文思考，甚至还用英文自言自语。

我回到了日本，与荒废多年的日语重逢。由于用日语撰写诗歌和小说，我发现了自己在艺术创作过程中从未发现过的另一面，这让我得以开拓新的领域，灵魂也有了新的体验。

清晨，彩霞满天，云朵千变万化，空中所呈现的图案让地面上的我们惊骇不已。不过在这个世界上，还有比之更强烈的东西，那就是人生百态、走向死亡的气息、爱的存在、生命的光辉与伤痕，最终还有深不可测的宇宙，以及变幻无常的空间、时间、距离。耸立于这些事物背后的，究竟是什么呢?

我一向憧憬未知，于是为了精神的扬弃，我开始用久违的日语进行创作。

从上午 10 点到傍晚六七点，我在工作室专心于艺术作品的制作。回到医院之后的夜晚，我就开始向文学进攻。这是我每天的工作。

和艺术创作一样，用文字写作时的意象也是层出不穷的，一个接一个地往外喷涌，有时我一天能写满 160 张稿纸。在《曼哈顿自杀未遂的惯犯》中，我仿照《百人一首》[2] 写下了《草间弥生现代译文版：男色百人一首》。这个大约两天时间就写完了。写小说处女作时就像有神灵附体一样，一气呵成，只用了三个星期就完稿，并以此为定稿。

这本书收录了赫伯特·里德先生写的序文和泷口修造写的后记。泷口先生的文章题目是《妖精啊，永不变》，在此引用其中几段：

“经过了漫长的游历之后，你又一次出现在了我们的面前，这不是梦。如果是梦的话，那应该是一场安然的梦，并且留下了很多证据。所谓表现，最多就是把内在的意念抛到这个世界上，发自个人，对世界表明自己的存在。先不管草间弥生的表现都有什么存在的理由，应该认识到她拥有作为客体存在的理由。即便她所代表的并不是世间所说的幸福，但草间弥生的工作却富有讽刺意味地被外国人正面评价了，他们一并承认了她的存在理由，尽管这一切只是现象的一个结果。

“……

“妖精？如果这个世界上真有的话，那也未必会讨人喜欢。她们生于此地，需要拼命争取生存的权利。但为什么偏偏要用‘妖精’这个词呢？这是因为她们的命运被锁在了主客体之间。叫作‘艺术’的东西具有流动性，却被固定的名称锁住了，这种现象岂不是经常飘浮在我们身边吗？妖精啊，永不变。”

1983 年（昭和五十八年），我的小说《克里斯托夫男娼窟》获得了角川书店主办的“第 10 届野性时代新人文学奖”。当时的评委是三田城广、高桥三千纲、宫本辉、村上龙和中上健次，五位评委全都给了我最高分。

后来，我和村上龙、中上健次建立了私人的交情。村上龙在一次接受采访时说我是“天才”，他还说：“草间弥生的小说依靠强烈的心理张力，给予正常与极端奇异的两个世界以一种无边无际的真实感，仅就这一部分的描写而言，她是出类拔萃的，别人比不了。”

与村上龙的交往让我有机会出演了他编导的电影《堕落东京》。

获奖昭示着“小说家草间弥生”正式登上文坛。后来我对文学的热情越发高涨，陆续发表了一些小说和诗集。

以下是一份书单：

1.《克里斯托夫男娼窟》（收录《克里斯托夫男娼窟》《隔离布幕的囚犯》《死臭洋槐》），角川书店，1984年出版发行；而立书房，1989年再版。
2.《圣马科斯教堂的燃烧》，PARCO出版，1985年出版发行。
3.《天地之间》（收录《天地之间》《女人园》），而立书房，1988年出版发行。
4.《伍德斯托克阳具斩》，PEYOTL工房，1988年出版发行。
5.《拱形吊灯》，PEYOTL工房，1989年出版发行。
6.《樱冢的双重自杀》，而立书房，1989年出版发行。
7.《哀愁至此》（诗集），而立书房，1989年出版发行。
8.《鳕鱼角的天使们》，而立书房，1990年出版发行。
9.《中央公园的洋地黄》，而立书房，1991年出版发行。
10.《沼地迷失》（收录《沼地迷失》《弃婴草原》），而立书房，1992年出版发行。
11.《纽约故事》（收录《纽约故事》《纽约艾滋》《下城区》），而立书房，1993年出版发行。
12.《蚂蚁的精神病院》（收录《蚂蚁的精神病院》《双性恋》），而立书房，1994年出版发行。

13.《堇花妄想》，作品社，1998 年出版发行。

14.《纽约六九》，作品社，1999 年出版发行。

无论是艺术创作，还是撰写文章、写小说和写诗，都是我个人的求道方式。

1. 木村希八（1934— ）：日本当代著名的版画印刷师。
2. 《百人一首》：又名《小仓百人一首》，是日本广为流传的和歌集，汇集了日本古代100位杰出歌人的100首作品。

为了百年后的某一个人

自从我记事以来，已经花了好几十年的时间不停地画画、雕塑和写文章。说心里话，我不认为自己现在已经成为一名艺术家。回顾过去，这些全是用笔、画布以及各式各样的素材奋发图强的一个修行过程。

在我的眼前是远方光彩夺目的星辰，只要抬头仰望，自己仿佛就飘逸到了更遥远的地方。我眺望耀眼的星辰，凭借自己的精神力量和内心深处求道的赤诚，拨开人世间的混乱与迷惘，哪怕往前只迈一步也好，全力以赴地向灵魂所在的地方迈进。

想想看，我不认为艺术家、政治家、医生这样的职业高人一等。过去让我最感动的一件事是看到残障人士在康复中心竭尽全力，只为装上三个小螺丝而努力一整天。他们通过这份小小的工作，全力做给神明看，以此证明自己是活着的。他们用身体去感受，目光中闪烁着生命之光。

艺术家只不过是从事艺术的工作而已，并不比其他人更优秀。无论是企业员工、农民、清洁工、艺术家、政治家还是医生，只要大家能从今天到明天、从明天到后天贴近自己的生命之光，并且对生命更进一步地心怀敬畏，那么即使置身于被虚妄与愚昧所湮没的社会当中，也会觉得自己活得更像一个人。

现在大部分人都在追求饱食、淫欲以及经济发展，为了虚荣心和飞黄腾达而彼此倾轧，心猿意马。在这样的社会中，背负重任而求道是危险的，也是困难的。但是正因如此，我才想向前一步，去接近灵魂之光。

世上有很多人都说凡·高的画值几十亿元，很了不起。他们认为凡·高虽然有精神病，但他是天才，所以才非常优秀。很明显，如此看待凡·高就等于没有看懂凡·高。另外，日本的精神专科医生大谈凡·高不仅有精神分裂症还有癫痫倾向，这实在有些过分。我个人以为，尽管凡·高有病，但他的创作洋溢着刚强的人性美、超凡脱俗的求道姿态与热情，这才是人性最美丽、最光辉的一面，这些都存在于他令人心荡神移的人生之中。

我立志要成为艺术家，战胜这个不通情达理的世界。这就等于要战胜被逼无路的自己，这也是作为一个人所应该接受的考验。对此，我要全身心地面对，因为这种遭遇也是人生的一种命运。

天意注定，我为神而活。千辛万苦，我每天守身如玉。随着岁月的消逝，日复一日，我也开始意识到死亡的临近。

我要接近灵魂之光。如果以无垠的宇宙为背景，人类只不过跟虫子一样微不足道。我的内心深藏敬畏之念，希望提升自己未来的心灵高度。为此，我选择了艺术作为修行的手段，这是我穷尽一生也要完成的事业。即使在我死后百年，只要有一个人能了解我的心，我就会为这个人坚持艺术创作。

我抱有这一想法坚持着画画、雕塑和撰写文章。

家父过世 9 年后的 1983 年的 12 月，家母也离开了人世。母亲一生都是歌人（和歌创作者），也是书法家。我在整理母亲的遗稿时，发现了这些和歌：

故旧纷纷去　凄凄切切岁暮里

吴草绽春泥　煦日迎辉步岸堤

小夜难将息　列车叱叱渐远矣

我把母亲的这三首和歌作为追记，收录到了《樱冢的双重自杀》一书的末尾。我想念母亲，想念父亲，这些想念纵然用尽千言万语也表达不完。尽管如此，我还是想在自己的著作里收录母亲创作的和歌，以这种方式定格我对父母的辗转思念。

我活到今天，一生爱与恨交织。不过我现在的想法超越了这一切，不再恨父母。是我的父亲和母亲让我得以活到现在，并且让我看到了生与死的明暗，还有操控现世的社会机制以及惨不忍睹的人间景象。也是他们让我憧憬并体验到了作为一个人的智慧与真实。所以，现在，我衷心感谢将我生下的、我最尊敬与最爱的先父与先母。

你死后　献给父母

你死了　如今灵魂已升上云端
被彩虹的光洒遍全身
瞬间消逝

我与你
憎恨与爱无止境地抗争
到头来　已无期相遇
无从所知

我生而为人之子

死别才是明星路上的安静的足音
晚霞与彩云
远方万籁俱寂

20世纪70年代的日本对草间弥生的评价全是“丑闻女王”“不要脸的艺术家”“裸体的背后推手”等，非常低俗肤浅。这些都是由低水平的媒体塑造出来的形象，但到了20世纪80年代，突然出现了大转折。这是因为全世界开始流行裸体偶发艺术以及人体彩绘。

1987年（昭和六十二年）3月，福冈北九州市立美术馆首次为我举办了回顾展，这个展览具有极大的意义。当时展出的是从我19岁以后40年的创作中选出来的作品，其中包括我的水彩、拼贴等46件平面作品，加上33件立体作品，共计79件作品。

这些作品跨越了漫长的年月，展现了我创作形态的多样性，涉及的领域也很广泛，对理解“草间弥生的艺术”是有帮助作用的。一向对前卫艺术极其冷漠的日本媒体，终于从骨子里改变了对我的评价。在该展前后，富士电视台、NHK、东京电视台都进行了报道，我的艺术世界瞬间得到了迅速的传播和认知。

这一现象甚至蔓延到了全世界。1989年9月，纽约国际当代艺术中心（CICA）为了纪念开馆，举办了“草间弥生回顾展”。这个展览对美国重新评价“草间弥生的艺术世界”起到了决定性的作用。

当时的我非常吹毛求疵，结果导致 CICA 延期开馆。因为 CICA 的工作人员注意到我有大批保存完好的信件与笔记，花了很长的时间整理，致使没能赶上原定的展期。

展览展出了非常翔实的资料，尽管亚历山德拉·芒罗和卡利亚撰写我的履历时出现了很多错误，但从乔治娅·奥·吉弗寄给我的信，一直到约瑟夫·康奈尔一天多达 17 封的情书，在当时都是首次公开。许多媒体对回顾展都给予了高度评价，称其“除了为研究草间弥生提供了第一手的资料外，同时让人们发现了新的一批美国战后艺术史的重要史料”。

这个回顾展从 9 月开展，持续到第二年的 1 月，展期很长，吸引了大批观众前来参观。另外，《美国艺术现场》（*Art in America*）杂志首次让我这样一个日本人登上封面，并刊载了封面故事。

为了出席回顾展的开幕式，我重返了阔别 15 年的纽约。15 年不见，纽约大变样。曾经让我展开多彩活动的城市舞台早已不再是过去的样子，这里不但毒品泛滥，而且很多地方已经变成贫民窟，再也无法重现以往的活力。

最令我吃惊的是在走访美术馆的时候，这些美术馆和当时相比竟然一点变化都没有，安迪·沃霍尔、罗伊·利希滕斯坦、吉姆·戴恩（Jim Dine），这些人40年都做同一件事情，而且还被认可了。我对纽约如此安逸的状态多少有些吃惊。日本虽然一个劲儿地宣传纽约艺术界的明星画家如何了不起，但这些只是一种假象而已。我看不到新的艺术创作。

尽管如此，纽约毕竟是纽约。日本和纽约对文化的包容力与接纳力是不可同日而语的。看一下纽约，就会觉得在日本推动当代艺术发展的力量还是非常微弱的。

培育本土艺术

我总感觉日本是一个有钱的大乡巴佬。拿东京跟纽约比，在自由与独创力方面的差距还是很大的。东京是一个平面的世界，仅就人与人的交往而言，有时无法与不同圈子的人直接联系。纽约有一种东京没有的纵深感，与日本有天壤之别，所以大家才会对纽约如此憧憬与向往吧。也是因为纽约的纵深感，我的创造力才得到培养。更何况纽约的偶发艺术以及地下电影也是相当发达的。

这个时期，有很多外国的艺术经纪人和艺术家频繁地访问日本，其中有很多都是我在美国从事创作时结识的，所以我们经常见面。我问他们："为什么有这么多人一批一批地涌进日本？难道是你们纽约的资本主义快要灭亡了吗？生意做不下去了？"结果对方回答说不是因为这个，而是因为在日本，画的价格即使翻上

10倍，照样也能卖掉，很有赚头，所以才来东京。大家异口同声，丝毫没有不好意思。

日本人最终被人当成了傻瓜。去夏威夷撒钱、狂买高尔夫球场，见到既没有冲水马桶也没有通电的欧洲城堡，竟然也拿出超过市场价几十倍的价钱购买。财大气粗，满脑子全是钱，但人心却变得贫瘠了。

外国人说，如果不是日本人出钱的话，凡·高的《向日葵》也就值现在三分之一的价钱。在拍卖行，只要一见到日本人，大家就会哄抬价格，把价钱顶得很高，这已经是一个常识了。

既然有这么多钱，完全可以培育自己国家的文化与艺术，但没人关心这个。国外的收藏家用天价把印象派的作品卖到日本，并不是因为经济困难，而是他们希望用这些钱培养自己国家的当代艺术，是为了让艺术风行起来的一种投资。

日本前卫艺术家最倒霉，最吃亏。外国那些不入流的艺术家蜂拥而上，把几千万元、几亿元弄到手，并且大受欢迎。其结果就是造成了日本的青年艺术家无论想做什么，都被别人看不起。光凭金发碧眼，作品的价格就被炒得比本国高出十几倍，这在国外无法想象，但在日本似乎是理所当然的。面对如此不正常的状况，我必须要振臂高呼，叫停这种畸形的行业状态。

日本几乎没有艺术经纪人想要培育本国的文化，虽然有销售艺术作品的行业，但没有人能培养超越时代的艺术家。凡事只看钱的状况，不仅仅出现在艺术身上。我希望美术馆和艺术经纪人，还有编辑艺术杂志的人，每个人都把振兴本国文化放在心上，并为此拼上性命，向文明发起挑战。

日本主导艺术界的制度太陈旧了，头脑僵化的人只会否定心胸开放的年轻人，毁灭其新奇的想法。在世界上的发达国家当中，日本的文学与当代艺术最落后。

人的心胸不打开，当代艺术就发展不下去。日本这个国家的土壤很难培养当代艺术，艺术领域至今还处于一个被外国殖民的状态，现在有很多人一看到哪些画在外国热卖，就会马上模仿。

与其说去找人才，还不如说一定要培养人才，人才会受到环境的影响。尽管我想方设法希望能做点事情，但那些掌握权力的人，无论是企业还是美术馆的人，每个人的头脑都很僵化。政治家尤其如此，根本就没考虑过如何培育思想，如何教授艺术以及为当代艺术做规划。日本人即使有了钱，也没有与之对应的现代文化和思想。

那些立志于艺术，想打开一片天地的年轻人也一样。尽管把材料、科技、摄像之类的东西全部交给他们，但思想依旧是贫乏的。年轻人举办一两次个展并不会得到正确的评价，评论家也不会撰文介绍。这样一来，艺术家越发难以培养，而且常常处于被打压的状态。

我和一些年轻的艺术家接触过，也说过“你的画让我感动了，我支持你，加油啊”，但像这样的人究竟有多少呢？“这幅画值钱吗？”“你不和画廊牵线不行啊……”如果所有的人都这么看待艺术的话，那就不好了。我越来越觉得日本是一个扭曲的国家，说什么文化水平高，我看最多也就比原始森林强一点儿而已。

回到日本之后，我受到了文化冲击。住在外国的时候，日本已经变成了经济大国，总应该培育出能够开拓时代的现代精神，以及与其他大国平起平坐的民主主义了吧？但实际上，现实与我所想的截然相反。我完全搞不清自己的作品在日本这个社会当中能否打动人心。

我只能一路孤行，一直到死也要坚持自己的主张。我改变了想法：即使在这片荒废的人文景观中遭受痛苦和悲伤，只要我竭尽全力在艺术中表达自己的想法，就足够了。百年之后，如果有人看到了我的作品，觉得草间做的工作挺不错的，并因此得到了满足，那我也就满足了。艺术对我来说，就是一个信仰。

『草间复兴』的年代

1993 年（平成五年），我作为日本代表，正式参加了第 45 届威尼斯双年展。回想起来，这是继 1966 年犹如打游击一样参加了第 33 届威尼斯双年展以来，时隔 27 年的正式应邀参展。

27 年前的 1966 年，我以《自恋庭园》出展时，与双年展的事务局局长商量，得到了一块展示空间，当即去了佛罗伦萨的工厂定制了镜面球。可一回到宾馆，就发现自己得了严重的感冒。幸好当时还年轻，一天就治好了。当时我没有钱，只能先下订单，然后通过卢西奥・丰塔纳替我通融资金。那笔钱我至今也没有还给他，一直挂在心上。后来他去世了，我也失去了还钱的机会。

从那个时候算起，经过了 27 年的岁月，我才正式成为日本代表。

我推出了《镜屋与自我消融》《流星》《花瓣》《粉红船》以及南瓜装置等，一共有 20 件作品。实际上，我当时的作品展应该是日本馆第一个个展。1976 年摄影家筱山纪信的作品曾经单独展出过，但他当时是和设计展场的建筑家矶崎新合作的，所以从单纯的作品展览而言，我是最早的人。

多摩美术大学的建畠哲教授出任了双年展的日本委员，他为图录撰写了《壮丽的执念》一文："对战后前卫的先驱性、原生艺术以及偶发艺术的反映论的解读，再加上对形式主义和女权主义的重新评价……我们可以从多样的视点接近草间巨大的个性世界，这是可能的。包括她的新作，仍然没有任何松懈，艺术作品保持了同以往相同的水准，这反倒让观众观看后肃然起敬。她在 20 世纪 90 年代光彩夺目，同时又具有一种不稳定与神秘的另类印象，紧紧地吸引了我们。"

《美术手帖》6 月号刊登了特辑《草间弥生——执念艺术的起源与发展》，评论家谷川渥写的名为《增殖的魔幻》的评论文章是这么开头的："今年威尼斯双年展的日本代表选定了草间弥生。这一方面让人觉得为何事到如今才选她，另一方面也让人觉得这回终于轮到她了。如果要说这是特例，也确实是特例。要说这是当然，也的确是理所当然的。总之，这是一件令人痛快的事情，如果这一决定并不是因为日本再也送不出像她这么有冲击力的艺术家的话，那将是万幸。不过，这一事实至少不能否定她那自由奔放、独立自负的创作风格已经被提升到了代表国家的高度上了。时代真的变了。”

我坚持自己的信条，一步步地扩大与发展自己的作品，1994 年开始着手进行巨大的野外雕塑。在福冈美术馆、福冈教育中心、直岛倍乐生博物馆以及其他各地，我制作了《南瓜》和《帽子》的巨大雕塑。另外还在雾岛艺术公园设置了将近 10 米高的幻花和 10 米高的高跟鞋。在装修好的大林组总公司，我还用长 10 米、高 7 米的厚玻璃制作了《无限的网》（*Infinity Net*）的透明雕塑。三块透明玻璃接在一起，把相同的图案连续加工上去，背面再加上两片透明的玻璃雕刻，从不同的角度即可看到各式各样的花纹相互交织。这就是无限。

在葡萄牙首都里斯本，我还在新修的世博地铁通道制作了壁画，这件作品由车站左右两幅巨大陶瓷画所组成，命名为《海》。

在日本各地以及世界各地，我连续不断地举办个展。1996 年 5 月在纽约保拉·库珀画廊（Paula Cooper Gallery）举办的个展“草间弥生 20 世纪 50 年代—60 年代作品展”赢得了高度的赞扬。国际艺术评论家联盟将这次展览表彰为“1995—1996 年最佳画廊展”。1996 年，在罗伯特·米勒画廊（Mobert Miller Gallery）举办的个展也获得了同样的奖项。

Time Out 杂志上的评论是这么写的："草间长时间躲藏在不被人所知的无限的世界里，现在终于现身于后现代主义的历史中，并获得了她应得的位置。"

罗伯特·史密斯在《纽约时报》上写道："保拉·库珀画廊举办的草间个展，一方面保持了艺术家独特的风格，另一方面向更广阔的领域发展，引人联想，堪称一次划时代的创举。草间把'积累'这一手法当作武器，在媒体与文化之间自如往来，在这一过程中，融合了东方与西方以及体制内外的观点。"

最值得提起的是 1998 年 3 月从洛杉矶郡立美术馆（Los Angeles County Museum of Art）出发的巡展"草间弥生大型回顾展"。这次展览确立了作为前卫艺术家草间的地位。主办方花了 5 年的时间，收集了我从 1957 年到 1975 年总共 17 年间的作品，大约展出了 80 件。

大型回顾展在各地的展期都是 3 个月。洛杉矶结束后，从 7 月开始巡展到了纽约现代艺术博物馆，12 月在明尼阿波利斯的沃克艺术中心（Walker Art Center），然后到了第二年（1999 年），在新落成的东京都现代美术馆举办胜利回国展。每一场都宛如盛会。

在东京看了回顾展之后，年轻的哲学家浅田彰在《波》杂志 7 月号上写了《草间弥生的胜利》一文：

“这到底是一股什么力量？看完东京都现代美术馆举办的草间弥生回顾展，我再次感到自己被彻底征服了。波点图案闪烁着耀眼的色彩，阳具形状的物件不断增殖，四处泛滥。这位女性终生与自己的精神状况相互抗争，并把其中的痛苦全部转化成了华丽的艺术，这是她大获全胜的耀眼的纪念碑。

“……

“她逆流而上，利用反复无穷的强迫之力，将其转化成艺术，希望以此治愈自己。然而，这一过程绝不是赢得一次胜利就可以了结的。草间弥生必须不断竭尽全力，不断重复一次又一次的挑战。尤其是在她 1973 年回到日本之后，1975 年住院（1977 年再次住院至今），那段时期对她而言，可谓是一场大危机。在《灵魂归巢》（1975 年）和《你死后》（1975 年）这类小型拼贴作品里，那种脆弱而内向的表达方式直指人心，不禁让人担忧她是否已经丧失了活下去的力量。虽然走到了这个地步，但她后来压倒一切的爆发又让观众惊叹不已。那艳丽色彩的形态、银色的物件，有时以 10 米的大尺寸涌现，展开一场绚丽辉煌的盛宴。是的，距离死亡只差一步之遥，但她通过艺术使自己的生命得以延长。这是多么精彩的生命！已经远远超越了自我治愈的水准。

“……

“草间弥生在半个世纪的抗争中挺了过来，她赢了。发展到近年《我独消逝》(1994 年) 这类作品时，她在天花板与地板上的对镜之间，加上梯子展现出无限的过程，犹如走到无所畏惧的死亡的境地一样。在这层意义上，我想重申一遍：回顾展是胜利的纪念碑，说明了她不是病人，而是毋庸置疑的大艺术家。

“……

“实际上，草间弥生是与‘多愁善感的人生’距离最远的人。所谓多愁善感，必须要以能觉出如此情感的自我为前提。不过，对草间弥生而言，自我是一个非人称的空间，在那里，她必须与病魔抗争。那里没有人生，只有在死亡边缘挣扎求生时捡回来的生命。抗争是凄惨的，同时也是绚丽的，带着震撼人心的真实。就连不了解作者患病背景的人，也会被作品所释放出的强烈能量给彻底征服。每一件作品，在离脆弱与伤感很远的地方傲然屹立，单凭作品本身就能震撼观众的感官，而恰恰因为如此，才强大到被称为‘艺术’！草间弥生因为创作而超越了死亡的诱惑，活在静谧纯洁的孤独之中，面对她满身疮痍但依然坚持独步直行的背影，我从内心深表敬意。”

在回顾展举办的同时，我以世界为舞台，在各国的美术馆、画廊、艺术节举办了不计其数的展览与活动。这股热情与气势被媒体称为“草间旋风”或者“草间复兴”。

例如，在纽约现代艺术博物馆举办大型回顾展的同时，我在罗伯特·米勒画廊举办了新作个展。我用 10 尊与实物同样大小的《断臂的维纳斯》把整个画廊包围起来，并且在维纳斯的身上画上粉红色的波点，背景也搭配上粉红色的波点，放在一起展示。维纳斯的雕像是人体美的极致，而我以这种方法将其消融在粉红色的波点之中。

从 2000 年 1 月到 3 月，我在伦敦蛇形画廊（Serpentine Gallery）举办了 3 个月的个展。2000 年 11 月，新作装置展“YAYOI KUSAMA”在法国第戎的美术馆开展，接下来从巴黎的日本文化会馆、丹麦的欧登塞城市美术馆（Odense City Museums），一直到展期 3 个月的维也纳艺术空间（Kunsthalle Wien）等，总共在 17 个地方巡展，所到之处人山人海，观众多得令人难以置信。

镜子、黑光、气球、灯光照明……我用各种素材与编排，把每个个展的展示空间换成装置，打造出一个随处可以体验参与的有趣的会场。每个房间都很有氛围，观众只要一进去就不愿再出来，参观的人多到必须限制入场人数才行。

日本政府鉴于我的活动受到高度评价，2000 年给我颁发了文部大臣奖和外务大臣奖。2001 年，我获得了朝日新闻文化基金会所颁发的朝日奖。

创作不朽的艺术

这些年来，每年都有四五家海外的美术馆向我申办个展，弄得我不拼命赶制新作品就来不及办展。不过好在每天都有新点子冒出来，我一点儿也不担心。夜深人静时，只要一想出点子，就会当即画到素描本上。所以我总是将素描本和彩色铅笔放在身边，每天的工作量很大。

我总想做了这个，又做那个，满脑子全是点子，而且是不按顺序地一股脑儿冒出来。我只能在有限的时间内把这些点子一个个地具体化。

在这段时间里，越是对某一件事痴迷就越觉得时间犹如喷射机一样飞快逝去。上了年纪的人才会感受到每一天的日子竟然如此珍贵。我从十几岁开始就对时间的流逝感到不甘心，很焦虑，甚至会责怪自己不努力。

与十几岁慌慌张张的时候相比，现在的状态该怎么形容呢？眼前一片茫然，甚觉未来的时间越来越沉重，心中都是对艺术全方位的展望。时间啊，你等等啊！我还要完成更多更好的创作。我还要通过绘画与雕塑更多地表达，可时间分分秒秒都在流逝，地球无时无刻不在运转。

以前在纽约的朋友阿尔曼、贾斯培·琼斯、詹姆斯·罗森奎斯特、玛丽索·埃斯科巴，当然还有我，大家都已在高空任意飞翔，但死期也渐渐逼近，随时可以进入着陆的状态。所以，大家现在就像发了疯一样埋头创作。因为一旦着陆，也就意味着死亡的到来。

今后，我想开创日本谁也没见过的新世界和新思想。即便知道要花 400 年才能全部完成的创意，但我现在就要出发，这是我当下的心情。

现在是我人生最好的时光，作品不断问世，尤其是这些年，创作的数量非常多。不过，要说起创作过程，我并不是开心的，这个感觉就像没人会开心地去参加战争一样。我在自己的人生中选择了一项非常较劲的工作，很辛苦，有时让我哑口无言，而且感觉今后还会更辛苦。

我总是筋疲力尽，唯有睡觉才是最大的快乐，起床时腰疼、脚疼、头疼，全身贴满了膏药，遍体鳞伤。我去针灸，也请人按摩，每天走到神乐坂，走上一万步。身体一定要健康，我把控自己的身体是很严格的。无论你有什么思想，可只要身体不行，便百念皆灰。

我与艺术界完全没有联系，和作画的朋友也不怎么来往，一个人沉浸于自己的世界。开幕式的邀请函总会寄来很多，可我都不去。因为那里没有交流，况且我也不是什么会的会员。我不和画坛的人说话，也不出现在画坛的活动中。我不喝酒，也不抽烟，这完全是一种自我控制。总之，我把一切精力都投入到了艺术创作，日复一日平静地生活。

有一点让我坚信不疑：艺术的创作理念最终是从孤独的沉思中诞生的，这是一片从镇魂的静寂中绽放出的五彩光。正因如此，我现在的创作主题都和“死亡”有关。

科学、机械万能看上去是进步的，但这些东西不仅让生命失去了光彩，而且还让人的想象力变得贫瘠不堪。信息社会越来越暴力、文化单一、环境污染，在犹如地狱般的景象中，生命的神秘已经停止了呼吸。死亡已经放弃了静寂与庄严，正在一步步地导致我们无法沉寂地消亡。

地球上还有愚蠢、丑陋的蟑螂与老鼠，人性退化，而另一方面，群星依然璀璨夺目，这是多么令人惊异啊！我那一闪即逝的生命存在于幻象之中，这是用肉眼看不到的力量，也是活在数亿万光年的无限静寂中的一个瞬间。

过去为了活下去的自我革命，其实也是对死亡的一种探索。死所意味的东西，包括其色彩与空间美、死亡静寂的脚步、死后的“无”……与此相关的创作就是我的使命。

以前，生命垂危的约瑟夫·康奈尔曾经对我说过：“死一点儿都不可怕，就像从这个房间走到隔壁的房间一样。”

年轻的时候，我总觉得死亡是难以想象的，很害怕死亡。但现在的感受的确就像康奈尔说的那样，只是去隔壁的房间而已。生与死其实是一回事。这是我当下的实际感受。

最近，我经常反省自己走过的人生，嘀嘀咕咕，都是说给自己听的：“当初要是这么干就好了……这次要这么干，还要继续加油！”

我有我生命的蓝图。从十几岁开始，即便遭遇了旁人的冷眼，也要过上自己想过的生活。我觉得自己能把这个想法付诸行动，一路走下来走到现在的这条路上，真的太好了。

我连死后的蓝图都规划好了。自己离开人世之后，究竟如何处理后事才好呢？我为此写过不少策划书。个人的生命是有限的，但可以为后人留下艺术。

“死还早着呢，为什么想这么多？”类似这样的思考是没有的。我按照自己以往的速度一路走下来，即使从现在开始策划也不晚。如此想来，我从十几岁开始就已经在思考未来了。

现在我首要考虑的就是创作出最好的艺术作品，一件也好，两件也好，反正在我的心里，只有这一件事。

每天的时间都在加速流转，越来越快。在被限定的框架中，无论我如何拼命，也不过如此而已……光是这样想的话，实在是空虚，而且是无意义的。我期待死后我的艺术能永远闪耀和长存。我现在为了创作出经得起死后风雨考验的作品而变得心胸开阔，甚至兴奋得难以入眠。

人生真是太精彩了，一想到此，我有时会全身发抖。艺术世界乐趣无穷，对我来说，没有比这个世界更能让人充满希望、激情四射的地方了。因此，为了艺术，无论受多大苦，我也不后悔。我一路走到现在，今后还会一直走下去！

住在落泪的城市

在人世终结的时候　如果与人相遇
置身于岁月留痕的尽头
是死亡正在悄然靠近
为之而胆战心惊的　并不像我自己
最爱的你的身影　深夜苦恼　来找我
重温旧梦
我在恋你的“落泪的城市”
宅在自家的我　彷徨失措
是否要走到能看见冥界路标的地方
天空在等我　白云飘浮
我总是精力充沛　被你的温柔打动
心底向往幸福　我在寻求伴侣
这是“爱”的姿态
我要对空中飞翔的鸟儿们尖叫
把我的心传达出去
度过了漫长岁月的艺术就是我的武器
任我横行无忌
空虚、孤独与失望
斑驳陆离　充斥我的胸膛
幸存的日月
人世的烟花有时会华丽升空
降落于夜晚　满身都是五色的粉末

随处能遇见的感动的瞬间　令我难忘

人生终结的美全是幻觉吗　我想问你

你已接受留下美丽足迹的祈祷

这是送给你的爱的凭证

草间弥生的生平

- 在日本长野县出生。前卫画家、雕塑家、小说家。

- 10 岁开始以波点和网纹为主题作画。用水彩、粉彩、油彩等画材，制作幻想性绘画。

- 1957 年前往美国。发表巨大的平面作品、软雕塑以及使用镜子、灯具制作的环境雕塑作品。

- 1960 年后半年，举办人体彩绘活动、时装秀以及支持反战运动的偶发艺术行动。并着手尝试运用媒体的表现方式，如编导电影、发行报刊等。1968 年自编自导的电影《草间的自我消融》入围第四届比利时国际短片电影节和第二届马里兰电影节，并荣获安娜堡电影节的银奖。在欧洲各地举办展览以及偶发艺术活动。

- 1973 年回到日本松本，1975 年前往东京。一边坚持艺术创作，一边发表多部小说和诗集。1983 年，小说《克里斯托夫男娼窟》荣获“第 10 届野性时代新人文学奖”。

- 1986 年，在法国加莱市立美术馆、都乐美术馆举办个展。1989 年在美国纽约国际艺术中心、英国牛津美术馆举办个展。1993 年参加第 45 届威尼斯双年展。

- 1994 年开始户外雕塑，在日本福冈健康中心、福冈美术馆、直岛倍乐生博物馆、雾岛艺术森林、松本市美术馆、新潟县松代车站站前、大林组总公司大楼、赤穗市立图书馆、法国里尔车站站前、英国好莱坞、韩国安养市、新加坡、中国台湾屏东、日本十和田市艺术广场设置户外雕塑，并在葡萄牙里斯本地铁通道绘制壁画。

- 1996 年主要以纽约的画廊为中心展开活动，同年举办了两场个展，分别荣获国际艺术评论家联盟的奖项。

- 从 1998 年到 1999 年，从洛杉矶州立美术馆举办大型回顾展开始，之后陆续在纽约现代艺术博物馆、沃克艺术中心、东京都现代美术馆巡展。

- 2000 年荣获第 50 届艺术选奖文部大臣奖、外务大臣奖。在法国“集团”当代艺术中心举办个展，陆续到法国巴黎日本文化会馆、丹麦欧登塞美术馆、法国图卢兹亚巴托当代美术馆、奥地利维也纳艺术空间、韩国首尔 Artsonje 艺术中心、韩国庆州 Artsonje 美术馆巡展。参加悉尼双年展。

- 2001 年荣获朝日奖。参加“横滨三年展 2001”。

- 2002 年，举办松本市美术馆开馆纪念个展。获日本政府颁发的紺绶褒章。

- 2003 年获颁法国艺术及文学勋章，荣获长野县知事表彰（艺术文化功劳）。在日本丸龟市猪熊玄一郎美术馆、北海道钏路艺术馆、德国布朗斯威克美术馆、波兰沙漠达国立艺廊举办个展。参加法国里尔艺术联展以及里昂双年展。

- 2004年荣获信每奖，在森美术馆（东京52万人入馆参观）、札幌艺术之森美术馆举办个展。参加惠特尼双年展（纽约）。在东京国立近代美术馆举办个展。

- 2005年在京都国立近代美术馆、广岛市当代美术馆、熊本市现代美术馆、松本市美术馆举办个展。参加奥斯陆国立美术馆（挪威）、格拉茨美术馆（奥地利）联展，参加瓦伦西亚双年展（西班牙）。草间大楼落成。

- 2006年荣获终身成就奖（美国）、高松宫殿下纪念世界文化奖、旭日小绶章，参加大地艺术节（日本新潟）、新加坡双年展。

- 2007年在Haus der Kunst（德国慕尼黑）举办个展并到比利时布鲁塞尔、法国巴黎巡展。在海港城（中国香港）。维多利亚·米罗画廊（英国伦敦）举办个展。

- 2008年纪录影片《我喜欢草间弥生》上映，获得日本电影节（纽约）、日本映像电影节（荷兰）观众奖。在博伊曼斯·范伯宁恩美术馆（荷兰）举办个展，并巡展到悉尼现代美术馆（澳大利亚）和惠灵顿市立美术馆（新西兰）。在故乡长野县松本市荣获名誉市民称号。

- 2009年在悉尼现代美术馆、惠灵顿城市画廊、纽约和洛杉矶的拉里·高古轩画廊、伦敦维多利亚·米罗画廊、米兰市立美术馆举办个展。被日本政府选为文化功劳者。

- 2010年在十和田市现代美术馆举办个展。参加悉尼双年展、爱知三年展。在维多利亚·米罗画廊（伦敦）、FIAC（巴黎）举办个展。成立草间弥生纪念文化财团。

- 2011年在拉里·高古轩画廊（罗马）、维多利亚·米罗画廊（伦敦）举办个展。从国立索菲亚王妃艺术馆（马德里）个展开始欧美巡展以及在蓬皮杜（巴黎）举办回顾展。秋天参加成都双年展（中国）、格林兰艺术画廊（澳大利亚）个展。

- 2012 年在国立国际美术馆（大阪）举办新作个展，以及巡展到埼玉县立近代美术馆、松本市美术馆、新潟市美术馆、静冈县立美术馆、大分市美术馆、高知县立美术馆。在泰特现代美术馆（伦敦）举办欧美回顾展，巡展到惠特尼美术馆（纽约），获得新宿区名誉区民表彰。与路易・威登合作发表“路易・威登 × 草间弥生系列”。在布里斯班最高法院制作大型野外壁画，在卢浮宫大厅内设置地板画作品。

- 2013 年南美回顾展从阿根廷 MALBA 博物馆开始巡展，亚洲巡展从韩国大邱美术馆开始，到中国上海当代美术馆、高雄市立美术馆、台湾美术馆，再到韩国首尔艺术中心、本态美术馆。

- 2014 年首次在中南美洲举办回顾展，从布宜诺斯艾利斯开始，到里约热内卢、巴西利亚、圣保罗、墨西哥城、圣地亚哥，累计有 200 万人次前来参观。

- 2015 年举办北欧回顾展，从路易斯安那现代美术馆（丹麦）开始，巡展到 Henie-Onstad Kunstsenter 艺术中心（挪威）、斯德哥尔摩现代美术馆（瑞典）、赫尔辛基美术馆（芬兰）。

- 2016 年被美国《时代周刊》评选为“全球百大影响力人物”之一。荣获日本天皇颁发的文化勋章。

- 2017 年在国立新美术馆（东京）举办包括新作在内的个展。举办从赫什霍恩博物馆和雕塑园（华盛顿）开始的北美巡回个展。新宿区草间弥生美术馆开馆。荣获东京都名誉市民表彰。

- 作品获全世界 90 多所美术馆收藏。

图书在版编目（CIP）数据

无限的网：草间弥生自传 /（日）草间弥生著；毛丹青译. --北京：中信出版社，2021.1
ISBN 978-7-5217-2299-4

Ⅰ. ①无… Ⅱ. ①草… ②毛… Ⅲ. ①艺术创作—研究②草间弥生—自传 Ⅳ. ①J04②K833.135.72

中国版本图书馆CIP数据核字（2020）第185213号

Original Japanese edition published in 2002 by Sakuhin-sha Publishing Co., Ltd., Tokyo.
Paperback edition published in 2012 by SHINCHOSHA Publishing Co., Ltd., Tokyo.

This Simplified Chinese language edition published by arrangement with
YAYOI KUSAMA INC. c/o Tuttle-Mori Agency, Inc., Tokyo
through Bardon Chinese Media Agency

封面图片：
Kusama at her studio, Tokyo

无限的网：草间弥生自传

著　　者：[日]草间弥生
译　　者：毛丹青
出版发行：中信出版集团股份有限公司
（北京市朝阳区惠新东街甲4号富盛大厦2座　邮编　100029）
承 印 者：北京盛通印刷股份有限公司

开　　本：880mm×1230mm　1/32　　印　　张：8.75　　字　　数：115千字
版　　次：2021年1月第1版　　印　　次：2021年1月第1次印刷
京权图字：01-2020-5005
书　　号：ISBN 978-7-5217-2299-4
定　　价：69.00元